文芸社セレクション

日本人と韓国人

〜日韓問題を精神分析する〜

大塚 聰

OTSUKA Satoshi

文芸社

韓国人が反日するのは「最も日本を信頼し最も愛するから」。
この病理は健康な日本人には殆ど理解できない。
日本は病者である韓国にいつも「治療者」として接してきた。
日本は韓国の作る「渦の中」に巻き込まれている事を意識し直して、
韓国人が「本来やるべき仕事」を、「肩代わり」してはならない。
韓国人が本来の人格に成長することを信頼し、願うゆえである。

目次

第4章

はじめに

２０１９年7月に出版された、李栄薫著『反日種族主義』という書籍が韓国で10万部のベストセラーになり、日本語訳が日本で発売されて２０２０年1月の段階で40万部を超えるこれもベストセラーになったという、ある種の社会現象がある。（注1）

上記の本は韓国で一般的に信じられている日韓の近代史が捏造されたものであり、韓国人の反日感情がいかに根拠のないものであるかを、データを示しながら解説したものであり、韓国人にとっては衝撃的なものだと言われている。

とりわけ政治的に「反日」を利用し国定教科書で反日教育を行っていると言われている韓国において、一般的に流布されている日韓関係の歴史観が史実とは異なっており、政府によって捏造されたものだという主張が韓国人自らの手で執筆され、かつその本がベストセラーになったのは未だかつてなかったことでもあり、この現象について注目が集まっている。

そして現在のところ、日本側の反応は、「ようやく出てきたか」「まだ不十分」という意見のものが多く、相手がどのような考え方をしているのか、じっくり見てみようということから情報収集的な意味でベストセラーになったと推察される。

韓国でこの本が発売直後にベストセラーになったとはいえ、その後もよく売れているという話は聞かず、その後も持続的に販売部数を伸ばしているということでもなさそうである。韓国は人口約５１００万人、世帯数約２０００万といわれている。出版物が社会全体に影響を与えることになる影響目標値は世帯数の10分の1を超えてから、と言われているランチェスター戦略の考え方からすると、上記のような韓国人の既存の歴史観を覆す書籍が２００万部以上普及していなければならないことになる。

韓国人の年間平均読書量は極めて低く、日本のそれ（年平均19冊）の約４分の１であり、１万部売れるとベストセラーと言われている現状からすると、上記の李氏のような本がこれを契機に大量に受け入れられ、韓国の世論が大きく変わるというような現象はそう簡単には起きないであろうと推察している。

翻って日本を見直したときに、日韓関係の書籍は数多く出版されているが、韓国の紹介、日韓の歴史、歴史的解説とを関連付けたいわゆる嫌韓書等が目に付く。

結局のところ一般的な日本人にとっては、なぜ日韓はこんなに違うのか、今後どうすればいいのかに関するしっかりした論説は見当たらないように思える。

日本人の側から、嫌韓でも親韓でもない冷静な分析書が出てしかるべきだと判断して本論を記述することにしたのである。

第1部　「治療者」としての日本

第1章 「観の眼」で観る韓国

日本に流布する貧しい論理

最近の日韓関係を見たときにまず気がかりなのは、日本の側に従来のものの見方とは異なる新しい論理や分析が生まれていないことである。２０１９年11月『反日種族主義』の日本版出版に際して、著者の李栄薫氏は「韓国人には自身の問題を国際的に省察する好機になるでしょう。日本人には朝鮮半島問題を『親韓』『嫌韓』という感情の水準を超えて、前向きに再検討するきっかけになれると思います。」と日本記者クラブで述べている。

しかしながら上記の李氏の書籍が出版されてから5年近く経過している現在でも、日韓問題について感情のレベルを超えて新しく独自の論理で書かれた書籍が出版されている様子は現在のところまだない状態であり、結局のところ、日韓関係に関する論説といえば、従来言われている「嫌韓」「親韓」論理が繰り返されているに過ぎないように見える。

例えば日韓問題の著名な研究家、筑波大学・古田博司教授はご自身の著書の中で、韓国・朝鮮には「助けず、教えず、関わらずの非韓三原則」で対応すべきだと主張しているが、その理由としては、朝鮮半島の歴史を研究し続けた結果、北も南も古代国家である李朝時代から全く変わっておらず、嘘を付き、卑劣で法治がない民族性だからだ、と述べている。（注２）

最近は「親韓」を説く論説よりも上記の「非韓三原則」あるいは国交断絶まで主張する論考さえ珍しくはない。このような古田教授に類する意見は、主に歴史や比較文化を専門とする人々からの発言であることが多い。しかし、上記の論理の裏に隠れた意味からすれば、自分達には対象（韓国・朝鮮）を理解する方策も技術もなく、自分達にはもうそのような相手に対応するすべがないのでどうしていいのか分からないから、なるべく関与しないように放っておこう、という事と同じ意味になり、この問題に無力な自分達の状態の無意識の告白と解釈することさえできるのである。

しかし本当に、彼ら韓国、韓国人を理解する術はないのであろうか、という問題は根本から再検討の余地がある、とするのが本論の骨子である。

相手が不可解な言動を取りまたこちらを理非なく攻撃するからといって、相手との接触を断つというのは問題解決の方策として、必ずしも必然であるとは限らないのである。

例えば幻聴に支配された統合失調症の人や徘徊や暴言を繰り返す認知症の人、あるいは奇矯な行動をとる境界例の人など、一般の人から見て不可解な言動を繰り返す患者は数多い。そしてこれらの疾病の専門医は、これらの患者が不可解な言動を繰り返すからという理由で、「助けず、教えず、関わらずの非患三原則」で対応するべきか、あるいは接触を遮断する「断患」あるいは「親患」などを主張しているであろうか。

これらの疾病の専門家であればあるほど、「患者さんの不可解とも見える言動にはちゃんとした理由があるのです」と言い、患者に対する適切な対応方法とその理由を説明するはずである。重症の患者が訳もなく医師に対して悪口や悪態をついてきたり悪意を向けてくる場合も多くあるが、専門医であればこそこれら患者からの攻撃に対して自分の人格を守り、感情的ならずに受け止める術を身につけているのが通常である。

これら専門医がそのように対応できるのは、患者が見ている世界を理解しているからである。それゆえに、相手が不可解な言動を取る患者だからと言って患者に対して、ことごとしく「嫌患」や「避患」また逆に「親患」等の対応策を取るはずもないのである。

仮に有能な韓国問題専門家がいるとすれば、同じことを言うはずだと考えられる。彼等韓国人の世界観や価値基準や行動理由が分かれば、彼らにとってもまた日本人にとっても「最適な解」を説明また提案できるはずである。

にもかかわらず「非韓三原則」や「断韓」また逆にやみくもな「親韓」等しか言えないということは、従来型の韓国問題の分析方法が極めて幼稚もしくは自閉的である事を、無意識のうちに告白しているようなものである。

上記の古田教授の意見とは別に、以下のような意見もある。

それは日本経済新聞「春秋」欄に掲載された無記名のコラムであるが、おそらくは同新聞社の記者の手になる文章だと思える。そのコラムによれば、「ここ数年、街中の書店には韓国や中国への、むきだしの言葉が躍る『ヘイト本』のコーナーが増えた。街角で文化を発信することができる棚は、差別や偏見や憎悪を発信しうるのだから、商店街の人の良いおやじさんが何気なく悪意を育てている事になる」というのである。

（注３）

この日経新聞のコラムの論理は全くの意味不明である。よくある親韓記事の典型なのであろうが、あまりにも杜撰な論旨でありその意味では驚くべきコラムである。なぜなら、韓国が１９４８年の独立以来、75余年の長きにわたって歴史を捏造してまで韓国政府の政策の一つとして反日教育を続けてきたことは明白な事実である。韓国側からの史実に基づかない中傷に我慢しきれず「ここ数年」日本の側から反論や反感の意見が出はじめたということは、外国間の相互平等主義的観点から見て、当然の日本側の反応と見ることができる。

その日本側の反応のみを取り上げてわざわざ「ヘイト本」「悪意」と決めつけるのはあきらかな二重基準（Double Standard）である。「反日」に対して「反韓」現象が現れても何の不思議もない。しかも韓国側のその「反日」が、韓国側の専門家の手によって意図的に捏造された歴史に基づいていたというのであるから「ヘイト」「悪意」は、韓国側にこそ存在するのである。

この日本経済新聞のコラムはこれらの事実を完全に無視して、特定の価値観を頭ごなしに言いたいがために無理やり書き連ねた予定調和の作文の類としか見えないのである。公教育の教科書のみならず、例えば全斗煥大統領の時代に国民の寄付を募って建設された国立の「独立記念館」がある。この施設の中には「日帝侵略館」が付設され、日本人の制服警官が民間の韓国女性を拷問している蠟人形が何体も展示され、怒号や悲鳴が効果音として流されて、観覧者の感情に訴えるように場面構成されている。

しかし、この両脚を捻る拷問方法は李氏朝鮮時代に両班が支配地の農民に行っていた私刑（周牢＝チュリ）であり、朝鮮総督府が発した拷問禁止令の対象だったものである。（注４）

つまり韓国人が行っていた私刑を日本人に擦りつけた明白な嘘であり、また当時の裁判記録にもない、全くの捏造なのである。しかもこの施設は韓国全国の児童の修学旅行の旅程の中に組み込まれた教育施設の一つでもあるのだ。むしろ特派員を出している新聞社が、韓国においてこのような根拠もなく捏造された酷い反日教育が行われている事実に関して報道や分析や、韓国政府に確認するなどの行動を何もしてきていないのであり、今まで放置してきたことこそが問題であろう。このような闇雲な親韓的あるいは場違いな父権主義的（Paternalism）な意見にもまた、貧しい論理しかないことは極めて残念なことである。

一般の日本人の持つ韓国への疑問と不安

私は韓国を旅したことも韓国人と交流したこともなく韓国語も解さない、ごく一般的な日本人の一人に過ぎない。本稿は特に日本と韓国との間で繰り広げられている問題を、従来の「親韓」「嫌韓」等の立場を離れて、今まで私自身が学び経験していた知見に基づいた新しい論理で解釈できるはずであると考えて書き上げた試論である。

日本人と韓国人との間に起こる様々な行き違い、言動の違い、考え方の違い、またこれらに起因する感情的な違和感をどのように理解すればいいのか、またどのように評価すればいいのか、更には今後どのような理解の仕方で韓国に接していけば良いのか等の問題に関して、具体的な判断の指針になるような論考はなかなか見つけることができない現状がある。

大方の類書は、例えば韓国側の言動について、いかに事実を捻じ曲げるか、嘘をつくか、不道徳であるか等を指摘し、このような人たちとは付き合いきれない、と結論付けるのがパターン化しているように見えるのである。

最近、日韓関係に関して、特に「韓国の反日」がどのようにして生まれてきたのかについての多くの人が推薦する、画期的と言われる書籍が出版された。松本厚治著『韓国「反日主義」の起源』（草思社刊）である。

この書籍に関してのネットに掲載されている多数の講評の中に、気になる以下の2件の講評を発見したので、一部抜粋しながら引用させていただく。

講評1・「この本を読んで思ったのは、人間として腐り切っている、ということだ。

韓国の研究者自身が歴史の事実とかけ離れていることを知っていながらも、徹底して日本を『悪』に仕立てることでのみ、国家が成り立つという異常な民族国家だ。洗脳され切ってしまった多くの無垢な朝鮮人には可哀想だが、この民族には正常なプライドはない。あるのは世界でも稀に見る歪んだコンプレックスに基づいた思考回路だ。事実を知り始めた日本人が増えてきた今日で、もうこんなことに付き合っているほど日本人は暇でもないし、寛容ではなくなった。これが今日の現実である」

講評2・「これだけの資料がありながら、日本の統治時代を事実とまったく違った内容に歪曲し、後世の人たちに伝えている韓国人とはどういう人達だろうと、呆れるばかりである。こういう人達と付き合うにはどうしたらいいのだろうという思いが交差する」

これらの講評を記した読者の方々の思いは、誠に正直で真摯な平均的日本人の思いが溢れているものだと思う。どれほど詳細で正確な歴史資料が公刊されたとしても、このような思いは残るのである。

つまり「韓国人とはどういう人達なのだろう」という疑問、さらには「今後、どう付き合っていけばいいのだろう」という不安になる思いである。

つまり、広範大量な書籍の渦の中に巻き込まれながら、一般的な日本人は、これら基本的な疑問や不安を抱えたままで、困惑しているのである。

韓国を観る新しい見方が必要

詳細な歴史記録や事実の指摘情報は、いわば観測データや計測データの類であり、これらの元データをどう解釈するか、どのような理論で読み解き、今後の方向を決め得るのかという論理がほとんど公表されていないのである。

したがって我々日本人こそ、多くの日本人が抱えるこの問題に対する「理論化」の責があるように思う。この私論は、まさにこの問題に関する一つの問題提起した試論と考えていただければ有難いのである。

一般的に、「質問を間違えると、正解は得られない」と言われる。相手つまり対象を理解するには、よほどしっかりとした「理解するための論理」が必要で、ここを間違えるとあるいは不十分であると、対象は永遠に理解できない状態で終わらざるを得ない。

江戸時代初期の剣豪・宮本武蔵は著書「五輪書」水之巻の中で、相手を見る見方について、相手の表面的な動きに惑わされずに本質的な相手の意図を見抜く、ものの見方「見《けん》の目弱く、観《かん》の目強く」を身につけることが大切だと述べた。

「兵法の眼付と云事、眼付の様は、大キに廣く付る目也、観見二ツの事、観の目つよく、見の目よハク、遠き所を近ク見、ちかき所を遠く見る事、兵法の専也、敵の太刀をしり、聊、敵の太刀を見ずと云事、兵法の大事也、工夫有べし、此書付を覚へ、常住、此眼付になりて、何事にも眼付のかはらざる所、能々吟味あるべきもの也」（注５）

武蔵の師匠と言われる臨済宗の禅師・沢庵宗彭は、この「観の目」については「不動心」としている。何かに心を止めぬ事が身を動転せぬ事につながり、敵の太刀に心を置けば、敵の太刀に心をとられてしまう。心を一方に置けば、九方は欠けてしまう、心を一方に置かなければ、十方にあるのだ、と教えている。

現状では、日韓関係について言及する論説には、何故かいわゆる「嫌韓」あるいは「親韓」の両極端に分かれてしまう風潮は、論理的には極めて貧しいものであり、宮本武蔵が述べるような「観の目強く」、既存の論理に囚われる事のない、冷静に本質を突いた論考がないことは我が国の将来にとって誠に残念なことである。

この私論は韓国と韓国人を「観の目」で見た、いわば「観韓論」とでも言うべき試論のつもりである。

比較文化論という「落とし穴」

日本人と韓国人との間で発生する、言動や感覚の違い、そこから派生する感情的な行き違いなどに関しては多くの成書があるが、その原因については「文化の違い」として記述されるのが大多数であるように思う。

異なる二つの文化圏で育った人同士は、相互に相手の習慣や価値観を知らないから違和感を持つのは当然であり、相互の理解のためには「異文化の価値を相互に認め合い理解しあうことが重要である」という公式見解になることが殆どである。

この考え方は、文化人類学、民俗学等の基礎部分に今なお存在するし、例えば、異文化コミュニケーション論では、不可欠な考え方とされている。したがって自分の文化を理解した上で、相手との対話を通して互いのギャップを明確にすると、それ以降、話が理解しやすくなる、とか、単に英語が話せればグローバルに活躍できるというわけではなく、必要なのはあらゆる国や人種の多種多様な文化や価値観を受け入れ、認め、社会全体のために行動できる力が必要なのだ、と説明するのが一般的である。

しかしながら、「多種多様な文化や価値観を受け入れ、認め」とは具体的にどのようなことを意味するのであろうか。またそのようなことが本当にできると思っているのであろうか。おそらくこのような、ある意味、能天気なことを言うということは、その背後には「文化相対主義」的な考えがあるからだろうと推測される。

古くは1800年代に英国の詩人J・キプリング（J. Kipling）が言った「白人の

責務white man's burden」という考え方があった。白人は文明化していない他の人種を文明化する責務を果たすべきだと言う、西洋人の世界進出、支配を理想化する概念であり、欧米植民地主義を支えた考え方である。またその考え方の背後には「オリエンタリズム」的偏見があり、「非西洋人は完全な人間ではなく未熟で、自分たちより劣った人種として扱う」という前提があった。

例えば、京都大学教授だった故・会田雄次氏が太平洋戦争中に陸軍軍人として戦ったビルマ戦線で英国軍の捕虜になり、英国陸軍将校宿舎の掃除夫として働かされた経験を記録した書籍があるが、その中で英国人将校が日本人兵士をいかに同じ人間として考えていないかを示す事例を挙げているのを見れば、欧米人の言う「人道(Humanity)」の中にはアングロサクソン系白人キリスト教信者（WASP／White Anglo-Saxon Puritan）しか含まれていないという事がよくわかるのである。（注6）

その後、2度の世界大戦を経て、「すべての文化は対等であり、優劣を比べるべきではない」とする「文化相対主義（Cultural relativism）」の考え方が米国の人類学者F・ボアズ（F. boas）によって提唱され今日に至っている。

しかし、この考え方はある宗教観にも似た一つの思想であって、絶対的真理なのではない。この思想に対しては当然のことながら「差別なき偏見」であるとの批判が付いてまわる。つまり「文化にも普遍的基盤が存在」し、固有文化を盾に取った、人権侵害、抑圧、虐殺、奴隷、テロリズム、等の非人道的行為を許すべきではないという批判がある。しかしながら現在なお、自分が育ってきた民族集団の習俗・習慣を基準として、他民族の文化を否定的あるいは低評価する「種族主義（Ethnocentrism）」が多くの国々で見られるのはよく知られていることである。

そしてこの「自種族中心主義」は「文化相対主義」を盾にとって自己主張を繰り返すことが多く、いわゆる「異文化コミュニケーション」の現場では、多くの場合これを論破する手段を持たず、逆に真の相互理解には程遠い状態にあるというのが現状である。

例えば、チベット、ウイグル、香港などに対する漢民族の侵害を、欧米各国を中心に「人権侵害」「非民主主義」との批判が集中しているが、中国政府はこの批判に対して「中国的民主主義」「内政干渉反対」との立場を崩していないのはご承知の通りである。

異文化は相対的か？

この問いに関連して、例えば以下のような具体的な参考事例がある。これは日本滞在が長い、ある韓国人女性が日本滞在中に起こった身の回りの出来事から、韓国人と日本人との間で起こる感情のすれ違いを記述した著作であるが、この作品の中で彼女は、韓国人の多くが、異文化に対する配慮にはあまりにも欠けていると思わざるを得ない。それはなによりも自文化中心意識の強さのためである。長い間国際的な閉鎖性を形作ってきた社会の中で、幼い頃からの教育で身に沁みこんでいるものと言って良い。と述べている。（注7）

ある韓国人男子留学生が日本人女子学生に無意識のうちに取った失礼な言動に対して、彼にはまったく他意はなかった。そして彼は日本人と接する以上はもっと日本的な礼儀をわきまえた接し方をしなければならないということである。そこでお互いに納得がいけば文化的な差異はともかくも相対化すれば良い、ということになる。このケースの限りではどちらが正しいかという問題ではない。しかし現在のような国際化が進展する中での異文化コミュニケーションとしては、どちらがより未来的かというように問題を立てることはできるように思う、と述べられている。

さらにこの著者は、多くの日本人から「韓国は日本の何十年か前と同じだからよく分かる」という理解の仕方を聞かれる。ただ、そうした理解では、無意識のうちに韓国外部の世界（日本）を基盤につくられた理念や考え方が普遍的なものとみなされている。そこでは日本にも通じる一般的なあり方として韓国人や韓国社会を理解することはできても、韓国人や韓国社会そのものを理解することはできないように思う。では韓国人や韓国社会そのものを理解するにはどうしたらよいか。その論理的な道筋はもちろん韓国人自身でつけるしかない、とも述べている。

この著者である韓国人女性は、日本人と韓国人との間に起きた考え方や捉え方の違いについて、典型的な「相対的立場」を取っていることがわかる。異なる文化圏で育った人同士の間に起こった諍いを「異文化コミュニケーション」として捉え、その場合の評価を「文化相対主義」的考え方で判断しているのである。

つまり、このような異なる国同士の対人関係に表れてくる違和感は、「相手の風習の違いや相互のマナーへの解釈の問題」であって、相手の風習を知識として理解すれば良いだけの問題であり、「文化の違い」に優劣はないのだ、という無意識の前提がそこには存在しているのである。

がしかし、それだけで本当に違和感は解消できるのであろうか。むしろ、このような現実に起こっている現象を、「異文化コミュニケーション」および「文化相対主義」的な、いわば「比較文化論」的判断の方法で考えるべきだとする、その方法論の選択自体が、問題の真相理解を妨げていると見るべきである。

なぜならば例えば上掲書の中で著者がいう、「異文化コミュニケーションとしては、どちらがより未来的か」とした場合、おそらく双方が自分たちのやり方が「より未来的」だと主張するはずである。その時、いかなる基準でどのような論理で評価できるのであろうか。また実際そのように判断した事例があるのだろうか。その時、「未来的でない」と否定された側は心底納得できるのであろうか。また仮に納得できたとしても、長年続けてきた風習を捨て去り、頭の中だけで理解できた別の文化基準に自分の現実的な生活感覚の水準をそう簡単に変更できるものなのだろうか、という疑問が残るからである。

「韓国流」対「日本流」？

また同様に、「韓国人や韓国社会そのものを理解する」とは具体的にどのような状態を指すのであろう。この時の「理解」とはどのような意味なのであろう。知識として理解することだけではなく、今までの自分の行動様式をひとまず置いておいて、韓国人の背後にある価値観や認識の仕方をも「承認」「賛成」するということなのであろうか。

自分の行動様式の背後には、それまで培ってきた価値観、対人観、倫理観があり、自己というものが外界に適応していく時の自我機能判断という大切な部分を構成しているはずである。これら、一人の人間の行動様式の背後にある人格機能の問題をあまりにも軽く考えているのではないかと思えてならないのである。

上記の通り、この韓国人女性の論考はある意味、典型的な抽象論であり、まだひとつも実現すらしていない現場を離れた空想論としか思えないのである。彼女の論考が抽象論で終わったのは、おそらく問題の立て方によるのではないかと考えられる。「韓国人や韓国社会」に対して「日本人と日本社会」との差異つまり、「韓国流」に対する「日本流」との行動様式の違いを説明しようとして「比較文化論」的手法を採用したこと自体が問題だったのではないかと思えるのである。

「理論負荷性」という概念がある。何かの現象の観測値、計測データ、報告等をどのようなものの見方で見るかで、判断結果は違ってくるという意味であり、観測結果には背景になる理論が隠されているという概念である。

例えば医学検査値というデータは、読む人の側に理論的知識がなければその検査値はただの数字にすぎず、素人はほとんど判断ができないのであり、あらゆる観測の背後には、理論が隠れている。つまり観測には、理論が付加されているのである。（注8）

　このことは先の韓国人女性のみならず一般的風潮として、日韓関係の認識の違いという問題を理解するのに、「比較文化論」を持ち出すこと自体、あるいはそれが当然であるとする判断自体が、今日の日韓関係の相互理解を阻んでいると考えるべきなのである。

呉善花氏の苦しみと「見捨てられ抑鬱」

　日本人と韓国人との間に起こる行き違いについて、私が長年注目し続けている研究者に拓殖大学の呉善花教授がいる。私は30年ほど前に数年にわたり英語圏の高校生を預かり自分の子供たちと一緒に暮らし、日本の高校に通学させるホストファミリーを務めていたことがある。その頃、異文化交流に関する問題を調べていて、たまたま呉氏が執筆した『スカートの風』シリーズを興味深く読み、氏の名前を知ったのが最初だった。その後、呉氏の書いた本は出版されるたびに目を通し、20年ほど前にやはり呉善花氏の著作である『私はいかにして〈日本信徒〉となったか』を読んだ時、「おやっ！」と思ったことがあった。（注９）

　呉善花氏は１９５６年韓国・済州島の生まれで、１９８３年、氏が27歳の時に留学生として初来日し５年後の１９８８年に帰化して日本人となり、来日以来今日まで40

年間学究生活を続けている稀有な人で現在68歳の日本研究家・評論家でもある。
呉氏が来日してから5年目、学業と共に日本人商社マンには韓国の実情を解説し、日本滞在の韓国人ホステスには日本事情を教えるアルバイト業に精を出していた頃の心情は次のようだったという。

仕事には生き甲斐が感じられ、かなり日本人の理解も進んではいったが、日本人の価値観に接するほどに、情がうすくて冷たいという感じが深まっていった。しかしその一方では、韓国人の甘ったれたベタベタとした情のあり方や、激しく感情をむき出しにする資質にも大きな抵抗を感じる様になっていった。そして日本人も嫌、韓国人も嫌、となりどちらにもつけない自分自身はもっと嫌、といった感じになってしまった。精神的にも身体的にもひどく疲れ、仕事に向きあう気力も薄れ、病気がちになり、たびたび寝込むことも多かった、というのである。

この記述を読んだ時、私は呉氏のその時の心身の状態に病的なものを感じ、それは「見捨てられ抑鬱（Abandonment depression）」なのではないか、と考えたのである。そしてもしも、その症状が正しく「見捨てられ抑鬱」であるとしたら、従来の氏が提示している多くの「異文化問題」にも一定の理論化とその回答ができるはずだと、考えたのである。

ちなみに「見捨てられ抑鬱」とは米国の精神医学者J・マスターソンの構築した理論で、青年期に精神的危機に陥る青年は、親とは違う自分自身になろうとして3歳頃までに再接近期と呼ばれる自立行動を起こす。その分離・独立行動を親が励まし変わらずに愛情を注いでくれる経験がないと、子供時代の母子分離不安が適切に解消されずに残り、「第二の誕生期」とも呼ばれる思春期に自立できず、親から再度見捨てられると感じて特殊な感情（憤怒・空虚感・絶望・不安・孤立無援感・抑鬱・自暴自棄）に襲われる、としたのである。（注10）

韓国人の母子関係

呉氏本人がどのような母子関係で、いかなる幼児期を過ごしたのかの来歴情報は知る由もない。しかし韓国人個人を取り巻く韓国社会の構造は、日本社会と異なり、個人にかかる負荷が過重にすぎるという特殊性があると私は推測している。また一般論としての韓国人の母子関係や個人的自我のあり方については、彼女は別の所で以下のような趣旨を述べている。

現在の韓国の子供の過保護ぶりには目をそむけたくなるものがある。小学生の時代から大学受験、就職にいたるまで母親があちこち走り回りながら情報を得ては子供に指示し、どこまでも子供についてまわる。科挙試験への合格を全てに優先させた、かつての上流社会の伝統を近代以降に民衆が引き継いだことがひとつ。我慢の生活の中で子供への愛に生きることを女の最大の喜びと感ずること以外なかった韓国の母親の伝統がひとつ。この二つの伝統が消費社会にそのまま滑り込み、歪みを持った激しさで生き続けようとする姿が現代核家族の子供の過保護ぶりの正体である、と呉氏は述べているのである。また、韓国人の母子関係が癒着しすぎていて、多くの場合、子供が自立できずに苦しむ姿を、日本でホステスとして働く韓国人女性の実例を挙げながら以下のように実情を紹介している。（注11）

ある韓国人女性ホステスは、両親と二人の弟のためにお金を送り続けてきた。しかしいくらあげてもキリがない。父親は延々と、いまでもお金を要求してくる。「なんて親かと思うでしょ、実際いやになっちゃうんです。」彼女はそう自嘲しながらも、これからもずっと助けてあげたいと言うのである。家族を助けているということで彼女は力を出すことができる。恐らく父親が「もう十分だ」と言ってきたとすれば、彼女は途端に生きる張りを失い、これから何のために自分が生きたらよいのか、わからなくなってしまうはずである、というのである。

韓国では社会の一員として生きようとする個人が家族の犠牲になってしまうケース

が多数あるそうで、ある韓国人ホステスはさんざん母親にお金を送っているのに、まだまだ送れというので、ついグチを言ってしまった。すると彼女の母親は「わかったよ。老人ホームに行ってあげるよ。それならお前も心配しないだろうから」だから入所に必要なお金を送れ、と言ったといい、彼女はこの母親の言葉に一晩泣き明かしたという。

呉氏の説明では、この事例の場合では、母親が老人ホームに行って心配なくなってしまえば、娘はもはや自分の生き甲斐を失ってしまう。そのことを親は承知の上での金せびりなのである、としている。

呉氏はこのような親子関係を「韓国の伝統」と呼んでいる。しかしながら通常のカウンセリングや精神医学の治療の現場では、上記のような親子関係については「機能不全家族」「親子逆転」「親代わりをさせられる子供」「世話やきの子供」という疾病概念として捉えられ、このような親子関係自体及びそれら家族の構成員が治療の対象になる、と考えるのが世界的判断基準である。

なぜ、治療対象と考えるかは、以下の論理による。

健全な家族における家庭は、子育て、団欒、地域との関わり、等の役割を果たしていると考えられる。しかしながら家庭内に、対立、不法行為、虐待、育児放棄等が恒常的に行われている場合には、その家族は、機能不全家族とみなされるからである。

この点に関しては、例えば英国の精神医学者D・ウィニコット（D. Winnicott）の理論が有名である。つまり、生誕間もない幼児であっても自我意識が備わっていて、外界に様々な反応をするのであるが、その幼児の自発的な行動に適切に応えてくれて適切な心身の状態を作ってくれる「ほどよい母親（good enough mother）」によって、その幼児の万能感は満たされ、自我に強さが与えられて、自我機能が生き生きと発達を続けて行ける。

しかしながら母親自体が内面に問題を抱えて幼児に関心を向けられない場合や幼児に過度に没頭して同一化してしまう反面、子供が母親から離れて自立しようとする行動を見せると母親は子供から見捨てられると感じて愛情を撤去してしまうような母親である場合には、幼児はその悪しき母親に服従せざるを得ず、母親とは異なる人間としての自分らしい「真実の自己（true self）」を押し隠し、その環境に反射的に反応する「偽りの自己（false self）」を作り上げ発達させざるを得なくなる、とされている。

従って現在の精神医学の判断基準では、母親の適応が不適切だと、子供はそれに反応をもって応え、これがくり返されるうちに度重なる反応の積み重ねにより形成された反応パターンができあがり、それがあたかも一つの人格として一人歩きするようになり、これが「偽りの自我」と呼ばれる。そして本当の自己の芽が子供の人格の奥深く埋もれたままになってしまう。こうした関係の背後には世代間境界が不鮮明になった家族内力動があって、子供の自我が異常に背伸びを強いられ、母親や父親が自分らの子供を親に仕立てて、彼らに世話を焼かせようとしている、と理論化されているのである。（注12）

韓国の母親の「伝統的」子育ての問題点

呉善花氏がその著書の中で例示した「韓国の母親の伝統」的子育ての様式の中には、上記で指摘した子供の自我形成時における危険な因子が含まれている、と解釈できる。つまり「韓国の母親の伝統」的子育てという環境で養育された子供は、母親とは違う人間として分離・自立した自己を持とうとすると、即、愛情撤去という仕打ちに遭い、自立を断念して無意識のうちに自分の中に、ウィニコットのいう「偽りの自我」を育てて環境に適応するしか方法がなくなるはずである。

でなければ、呉氏の事例に出てくるような、親にお金を送り続け、親にもういいと言われて「途端に生きる張りを失い、これから何のために自分が生きたらよいのか、わからなくなる」成人女性が生じるはずがないのである。

また同様に、「母親が老人ホームに行って心配なくなってしまえば、娘はもはや生き甲斐を失ってしまう。そのことを承知のうえでの金せびりなのである。」という事例から判断できることは、「親からの愛情撤去という脅しに屈する子供」という図式であり、成人したひとりの大人である子供が、なにゆえ簡単に親の脅しに屈するかというと「親の愛情撤去」すなわち「見捨てられ抑鬱」を引き起こす可能性のある生育歴を持っているからであろうと推察できる。恐らくは、親自身が自分の親から同様の脅しにあった経験を持ち、「見捨てられる恐怖、抑鬱の苦しさ」を知っているからこそ、逆に自分の子供への支配手段として使用していると考えることができるのである。

成書によると、この「見捨てられ抑鬱」のつらさは、成人が人生の途上で時々起こす通常の鬱状態とは質的に異なるもので、生命に不可欠のエネルギーの供給が絶たれる程のものであり、医学教科書にはしばしば「外科的侵襲（外科手術）に匹敵するほどの苦痛をもたらすものであるから、患者と母親との関係記憶に基づく治療時にはスーパーバイザー医師の指導を仰ぐ等の特段の注意を要する」むね注記されているほどである。

例えば医師が患者の幼い頃の母親との関係を想起させ続けると、「抑圧されていた記憶がよみがえり、患者は明らかに苦悩するようになる。患者は防衛を維持しようとして闘争を強化する。しかし、治療者がそのことを解釈し続けると、患者は次第に抑鬱の最底辺にまで落ち込み、そこではほとんど常に、生命に不可欠の供給を決して受け取ることができないと確信し、自殺にまで追い込まれるほどの絶望を体験する、と記載されている。（注10）

物質的にあるいは経済的に乏しい環境で子供が生育する事例は、現在でもなお決して珍しいことではなく、そのような環境が即、子供の人格形成上医学的問題を引き起こすものではないことは広く知られている事実である。しかし呉氏が示した事例のように、親の代わりとなって生きなければならなかった自分を振り返った時、「自分の生き甲斐を失う」「何のために自分が生きたらよいのかわからない」状態に陥る自分が残るということは、とりもなおさず「真実の自己（true self）」を育てられなかったことの証明であり、この育児環境は、現在の医学基準でみるとひとつの典型的「虐待（abuse）」の事例と判断されるべきものである。このような幼児虐待に類する母子関係が、呉氏が述べるように「韓国の母親の伝統」であるならば、このような育児様式が韓国社会において広くかつ長い時代に亘って行われ、容認されてきたということになる。

韓国社会の「国民の育て方」

ある社会に、広く長い時代に渡って行われてきた伝統的習慣や風俗はその民族の恐らくは価値観の体現であろうから、類似した部分に類似した行動が現れるであろうと考えることができる。例えば、ひとつの国家が自国民を育て教育する場合、同じ価値観による習慣的母子育児方式とよく似た様式となるのではないかと推定される。

韓国は1948年にアメリカ軍政下から独立した年若い国家であって、憲法にせよ教科書にせよ必ずしも史実に基づいた事実による歴史観によって記述されたものでなく、国粋的自閉性を持つものであり、他者の客観的視点を拒否した、ある意味自国民の自立的思考を拒否する考え方によって実施されているからである。

例えば、李氏朝鮮が清国の服属から独立して大韓帝国となれたのは、日清戦争の結果によるという歴史的事実が隠されていることや、李氏朝鮮時代の支配層だった王族や両班の残虐ぶり等、自国にとって不名誉になると思われることはたとえ事実であっても認めたり国民に伝えたりしていないことは、国際社会と交わる時に自国民が自国の正確な歴史知識という国際的常識を欠落した状態に放置していることにもなり、ある意味愚民化教育をしていることを意味してしまう状態といえる。

事実、前述した呉善花氏は自身の体験として、次のように記述している。日本人ビジネスマンたちとの間の議論の中で、呉氏があまりにも日帝時代の歴史的事実を知らないことを思い知らされた事。歴史に多様な見方があることなど、ご自身はまったく知らなかった事。ご自身が日本で読んだ本のすべてが、いずれも世界史的な観点、人類史的な観点から書かれていたものであり、そして、いずれの本も韓国では翻訳されていないことを知った、というのである。（注９）

つまり、韓国における自国民の教育の様式においては呉氏が「韓国の母親の伝統」と述べた状態と類似した、親の歪んだ価値観に合わせて幼児は自らの自我を殺すという犠牲を払って生き延びるしかない育児様式と似た状態であり、仮に幼児が母親の期待と異なる自立した人間になろうとすると母親から愛情が撤去されてしまう「韓国の母親の伝統」の育児様式と同じであるであろうことは容易に想像できるのである。

事実、呉氏が「スカートの風」シリーズを日本で出版したことで、韓国人留学生をふくめ多数の在留韓国人から感情的抗議を受けたのみならず、「韓国日報」東京支社から「呉善花なる人物は架空であり、本当の筆者は日本人である」との悪意ある誤報をされかつ「なぜ韓国の悪口を書いたのか、日本人に国の汚点を教えるなんて、一体どういう神経なのか」となじられ、その上、韓国国家安全企画部の調査対象として、氏の実家が調べられ、多数の資料を押収されたという経験が述べられている。（注９）

これらの事実が示していることは、ひとつの意見（呉氏の考え方）の内容が客観的事実であるかどうかよりも、自分たち（韓国および韓国民）とは違うものの見方を持つこと自体への禁忌とも言える感情である。

いわば自分たちの観念が事実に照らして妥当かどうかを検証したものではないので、違う証拠を挙げて事実関係について論争することをせず、自分たちの信じている禁忌に触れたこと自体への攻撃となっていることである。

つまり呉氏は、『スカートの風』シリーズを日本で出版したことで、あたかも母親から離れ自立行動をしようとしている幼児と同じと見なされ、文字通り、「母国（mother land）」から愛情を撤去されて孤立し、J・マスターソンの言う「見捨てられ抑鬱」と同じ状態に陥ったと見ることができるのである。

第２章　反日の理由

韓国人の自我構造

「自我」とは他人や外の環境から区別されて、自分に関することだと意識することであり、知覚、思考、意志、行為、言語などが自分から発したものだと自己の境界を確認した主体として同一性を意識している自分、を指す言葉である。

この「自我」は３層からなる構造を持つと言われていて、すなわち、低層には本能エネルギーの塊である「エス（Es）」、高層には、幼少期の親の躾が内在化した「超自我（Super ego）」があり、この二つの層の中間に外界の現実に合わせて適応を判断する「自我（Ego）」層がある、とされている。

つまり、この「自我」部分は、「エス」と「超自我」からの突き上げにさらされて調整を取って形をかえる弾力的部分であり、人によって皆異なっているといわれる。例えば「超自我」の圧力が極めて弱く、「自我」が大きく膨れ上がる「自我肥大」の場合もあるし、逆に「超自我」の圧力が過大に過ぎ、「自我」が押しつぶされて殆ど成長できない場合もあり得る。

「超自我」の圧力が程よく、「自我」が健康に成長した場合、「自我」の機能は以下のような力を持ち、成熟していると見なされる。

（現実直視）現実を客観視でき逃避することなく直面する強さを持つ。自分を過大評価も過小評価もせず、現実を受けとめる。

（忍耐力）不満、不安に耐える強さ。攻撃、恥、劣等感、不全感にも耐える懐の深さ。

（健全な自己防衛）原始的防衛機制に頼らず、不満、不安を効果的、昇華的に処理し得る能力をもつ。

（統合安定力）バランスよく、一貫性のある安定した人格。分裂せず統合した自我。自我境界の確かさ。

（柔軟性）自我の弾力性。心のゆとり、遊び。随意に退行できる心の柔らかさ。

（自我同一性）自分への確信。自分の役割への自覚と責任感。

しかしながら、幼少期に継続的な虐待を受け続けていた場合などには、その子供は自分の心の中にもう一人の別の人格を作り出し、自分とは無関係であると無意識的に自我を切り離して、自分の心の成長を犠牲にしてまで、親をかばったり苦痛や愛情の不足感を打ち消す場合がある。

例えば、大きすぎる「超自我」圧力もその虐待のうちの一つである。「超自我」は幼少期の親の価値観を取り込んで内在させたものであるといわれている。「～してはいけない」という禁止命令、「～であれ」「～でなくてはならない」という理想の追求命令など、これらが過大である場合、幼児はこれらの命令に押しつぶされそうになり、幼い無力な自然な自分でいられなくなり、親の命令にあわせた「仮の自我」を育てざるを得なくなる。これが英国の医学者Ｄ・ウィニコット（D. Winnicott）のいう、「偽りの自己（False self）」であり、隠蔽された本来の自分である「真実の自己（True self）」はしばしば本人の怒りの中にその萌芽が見られる、といわれている。

韓国人が反日をする本当の理由

韓国は古い歴史を持つ国であるが、近代史的に見たとき、５００年以上にわたる古代専制国家体制とも言える李氏朝鮮の時代から日韓併合の35年間、連合軍統治の３年間を経て民主国家として建国したのが１９４８年のことであるから、４年間の朝鮮戦争を含めてまだ76年しか経ていないとも言える、新しい国でもある。

その国が、建国以来まるで国是でもあるかのように、一貫して「反日政策、反日教育」をおこなってきているのは、また歴史的問題に関して、日本にだけ謝罪を求め続けていることについて、一体どのような訳があるのかについては様々な成書があるが、それらの説明のなかで私は未だに納得できる論理に出合ったことがないのである。

韓国人が日本だけを対象にして攻撃を行うことへの説明は、現在のところ大方の識者の意見では概略以下の通りである。

1・韓国は古来、儒教を国是としており中国に服属していた歴史が長く、華夷秩序の中での一番弟子と自らを信じ、中国より遠僻の日本を弟分と見なして卑下していたにもかかわらず、日本に統治される側に身分を落とされ恨みに思っている。

2・中国や露国は強大国であり、強国に従属することを良しとする「事大思想」という価値観があり、中国や露国に謝罪を求めたりしない。

3・朝鮮人は、古来、日本は野蛮人の住む国であり、朝鮮が仏教、文字、文化を教え導いたためにようやくまともな国になったと、勝手に思っている。その恩を忘れて朝鮮に仇なすような戦乱や非道な植民地支配を行った日本に謝罪を求めているのは当然のことである。

４・北朝鮮は同胞の国であり、同民族の韓国に非道は働かないと信じている。

５・韓国には「恨（ハン）を嘆く」文化があり、被害者の立場から、加害者としての日本の責任を追及するのを当然とする。

６・自分たちの力だけでは独立できなかった歴史があるので、経済大国の日本に謝罪させて自尊心を満足させたい。


概略上記のような理由を挙げて、韓国人が日本を攻撃する理由、とする成書が大多数であるが、これらの意見はいかにも「理由のための理由」つまり、ある前提を無理やり作り上げてその範囲で説明する仕方であって、客観的に見た時に前提が崩れればすべてが崩壊する怪しい理屈であり、論理的に到底納得できるものではない。

例えば、「自分を兄とし、日本を弟分と見なした」というが、史実から見れば逆で江戸時代十数度に及ぶ朝鮮通信使の報告書では、日本の都市の華麗さ、貨幣経済の流通、水車、車輪、木桶等の建築や工芸技術に驚き、自国への導入を計画していることから判断すると、自己評価を肥大させることによって自らの精神の平静を保っていた、ある種の「妄想」状態にあったと見るべきである。

彼らの主張は主張として確認はするが、必ずしも現実を正確に説明しているものではないこと、また何故にそのような主張をしなければならないかの論理構造を分析し、理解しておかなければならないのである。それはちょうど妄想に支配された一人の入院患者が「自分は天皇である」と自ら信じそのように本人が主張したとしても、本人の主張だからと言って、それが事実として正確かどうかはまた別の問題であるのと同じである。

日本への「愛憎のこんがらがり」

歴史的に見ただけでも、５００年に及ぶ李氏朝鮮時代は自国民の約半数近くが奴隷とされた無法な暗黒時代であり、その後の日本統治時代はそれら前近代的政治体制を一掃した法治統治であり、同時代の台湾統治にも見られるように総督府統治、帝国大学設置、インフラ整備もほぼ同じである。両地域とも日本国内の一地方と同じと見なされ日本国籍が与えられ、同じ統治をうけた事実がある。実際に一方の台湾は今なお日本の統治方式を肯定的に認める親日国である。しかしながら、同じ統治を受けたにもかかわらず、韓国だけが、しかも日本だけを攻撃する理由にはならない。とすると、韓国人特有の何らかの事情があるのではないかと考えるのが自然であろうし、それについては、例えば以下のような記述がある。

通信社の韓国駐在記者だった澤田克己氏が多くの韓国人にインタビューした記録であるが、東京帝国大学出身で朝鮮総督府のエリート官僚だったある韓国人は、日本に対しては愛憎がこんがらがって並存する。それがその時代を生きた人の平均像だったのではないだろうか。一人の韓国人の中に日本好きと反日が共存しているのであって、いわば「親日と反日はパラレルに存在する。」と述べたそうである。

また別の韓国外務省の幹部は、韓国人のＤＮＡの中には、中国に対する恐怖感、屈辱感を含めて複雑な気持ちが組み込まれている、と吐露したことがあると、述べている。（注１）

また韓国人の評論家・崔碩栄氏は、韓国社会について以下のように述べている。

韓国では、裏では親日であっても表面上は反日を演じるしかない空気があるが、韓国人の精神衛生や心理状態に相当悪影響を与えているのではないかと思っている。つまり、自分の感情をまっすぐストレートに表すことが許されず、社会的な空気、同調圧力によって本音を隠すか歪めて表現する。それは心理的にも相当な負担となるだろう。そうしているうちにその苦しさに免疫ができるかもしれない。裏（本音＝親日）を表（建前＝反日）に合わせることになんの抵抗も感じなくなる。それが、現代を生きる多くの韓国人の姿ではないかと思う、と述べているのである。（注２）

鄭大均教授の「愛憎論」の誤り

澤田克己氏のいう、韓国人の心の中に日本について「愛憎がこんがらかって並存する」状態については、東京都立大学教授・鄭大均氏の以下のような研究報告がある。

鄭教授の説明によれば、韓国人の日本との向き合いによく見られるのは、日本に対する敵意や蔑視が自尊の念を支え、逆に敬意や共感が自嘲の感覚と共にあるという、ある種のゼロサム的状況で、これを超える心の習慣がなかなか編み出されない。

精神分析学の術語で両価性コンプレックス（Ambivalent complex）と呼ばれることの問題は、日本人の異文化体験とも無縁ではない。文明開化以降の日本人の欧米体験に見て取れるのは、あるときは相手を理想化してそれに心酔・同化しようとするが、あるときは相手に脅威や嫌悪を感じて、蔑視・異化しようとする態度である、との事である。（注3）

また同教授は別の資料では、以下のように述べている。

日本人の韓国に対するアンビヴァランスが典型的に、同情と蔑視の組み合わせをとるものであるとしたら、韓国人のそれは、憧憬と恨（ルサンチマン）の組み合わせをとるものであり、こうしたアンビヴァランスの性格は日韓に特有という訳ではない。

（注4）

上記のように、鄭教授の説明では、「両価性（Ambivalent complex）」とは、あるときには愛情を感じ、あるときには憎しみを感じる、とのことだそうで、例えば「うちの人ももっとお酒とタバコを控えてくれたら、いい夫なんだけど」みたいな、これは誰にでもある心の動きに過ぎない、という意味になっている。

この「両価性」という術語は、実は極めて専門性の高い概念であって、専門によって理解の仕方が異なるのであり、多くの人が誤解してしまう典型的な言葉である。例えば「アンビバレンス（ambivalence）」を世界大百科事典では以下のように説明している。

「同一の対象に対して相反する感情。特に愛と憎しみが同時に存在している状態。両価性と訳される。このような状態を精神分裂病の主な症状と考えたブロイラーの造語で、S・フロイトが借用し、必ずしも病的でないさまざまな現象の説明に用いた。日本にも『かわいさ余って憎さ百倍』という諺があるが、我々は、ある人を愛している時、意識しているにせよしないにせよ、同時に憎しみを持っているのである」（注５）

しかし、上記の説明は、国語学あるいは一般心理学で用いられている説明である。したがってさらに一般的には以下のような完全に誤解した解釈になってしまうのである。

「心理学ではアンビバレンスはある対象に対して両価的な感情を持ったり、そのような態度をとることを言います。例えばある人物に対して愛情と憎悪を持ったり、尊敬と軽蔑の気持ちを持つ場合です。この二つの感情を共存するものとして認識できず、どちらか一方を無意識に抑圧して見ないようにしてしまうことで葛藤が起こって神経症の原因になるケースもあるとされます。アンビバレントであることは人にとって至極当然のことで、それを無理やりに白黒つけようとすると、心に負担がかかると言います。なぜなら人の心はアンビバレントなものだから。白黒じゃなくて、グレーでもなく、もっと色彩豊かなものかもしれません」(注6)

鄭大均教授は文学部所属の民族学専門家である。したがって恐らくは、国語学もしくは一般心理学上の定義で、この術語を使っているのである。であるからこそ、鄭教授は「韓国人にも日本人にもあることで、さらに日韓に特有というわけではない」と判断したのであろう。しかし、この判断と結論は、明らかな鄭大均教授の間違いである。

「両価性コンプレックス」の本当の意味

なぜなら、鄭教授はその文章の中で「精神分析学の術語で両価性コンプレックス

（Ambivalent complex）と呼ばれるこの問題は」とわざわざことわっている以上、一般心理学ではなく、正確に精神分析学の定義を使わなければならなかったはずである。しかし、そうなっていない。ゆえに鄭教授の判断は明らかな間違いである。

なぜこのような間違いが起きるかと言えば、一般に人々が医学上の「症状」、別な言葉で言えば「病気」という概念を理解することは、極めて難解であるからである。一般の人々は自分が健康であればこそ、「病気」というものを、健康的な一般常識で理解しようとして、理解したつもりになりがちなのである。鄭教授の解釈はその典型的な事例であろう。

名著と呼ばれる、医学教科書がある。その巻頭には次の言葉が文豪ゲーテの格言としてドイツ語のままで掲げられている。（注7）

「Sich mitzuteilen ist Natur, Mitgeiltes aufzunehmen, wie es gegeben wird,ist Buildung」

直訳すると、自分の心を伝えることは自然（Natur）である。伝えられたものを、伝えられたままに受け取ることは教養（Buildung）である。

その本意とされるものは、患者さんは常になんらかの形で自分の心を伝えているが、なかなか周囲の人は分からない。それを人々に代わって理解することこそが、治療者の責務である。そしてそれを理解できるということに、治療者の専門性すなわちBuildungであると、述べているのである。

医学者・養老孟司氏は、科学哲学の認識におけるこうした面を取り上げて、専門性あるいは学識というものを広義には「理論負荷性」と呼んでいる。理論がなければ検査値はただの数字に過ぎず、とうてい「読めたものではない」からである。素人はほとんど判断ができない。あらゆる観測の背後には、理論が隠れている。つまり観測には理論が付加されているのである、と指摘している。（注8）

なにか対象を正確に理解しようとしたならば、必ずそこには専門性、「理論」が付いて回る。もしその理論の選択に間違いがあったとしたら、我々は対象を誤解してしまうのである。専門性とはそのようなものである。

精神分析学つまり医学でいう「両価性（Ambivalent complex）」は、一般心理学の定義とは全く異なるものである。

例えば、「進めは青」で、「止まれは赤」でと言うように、進行、停止の逆の行動指示をそれぞれの色で表示する、一基の交通信号があったと仮定する。鄭教授の説明では、時には「青」が点灯し、またある時には「赤」が点灯することになるので、確かに、進行と停止という正反対の意味を提示していることにはなる。しかし、交通信号全体としては通常の作動環境にあり、とりわけ問題にすることもない、と解釈せざるを得なくなる。これは明らかな鄭教授の解釈間違いである。

韓国人は「日本を最も信頼し最も愛するから」、最も憎む。

精神分析学の術語としての「両価性（Ambivalent complex）」とは、上記の交通信号の例で言えば、「青」と「赤」が同時に点灯する状態を意味する「異常事態」である。通行者にとっては「青」と「赤」という正反対のどっちの信号色を信じていいかわからず、現場は大混乱に陥るはずである。つまり、通常の判断では「信号機が故障した」と見なされる状態のはずである。

この症状に関する最も適切な説明は、名医の令名高い藤田保健衛生大学の笠原嘉教授の表現によれば次の通りである。

「奇妙なことに病人の暴力は自分にとって最重要な人物に向かう傾向を持つ。主治医をはじめとする医療者もその対象になることがある。もっとも頼りにしもっとも愛する存在をもっとも憎むというダイナミズムは、両価傾向として知られる退行的原初的な葛藤であって、精神病理につきものといってよい。彼らの論理で言えばこういうことになろう。私はあなたが一番大事な人だから攻撃するのです。私のリーチがあなたに届けば、そしてあなたが痛さに顔をしかめれば、私はあなたの存在を実感できます。私たちの間柄は現実のものになります。そうすることしか私には愛の確認のしようがないのです」（注9）

このような医学でいう「症状」あるいは「病態」を正確に理解するのは、他の専門の方あるいは一般の方々には至難の業であると思う。したがって誤解されてしまうのである。

P122の「「ヒトの発達段階論」による評価」の中で、カーンバーグの「ヒトの精神発達モデル」に言及し、その第3段階（（6～8）～（18～36）カ月）における発達課題の一つが、「分裂（スプリッティング）の克服」であることを述べている。この「第3段階（再接近期）」における幼児の自我防衛機制は自己像も対象像もそれぞれが統合されておらず、まだ分裂状態（両価性状態）にあるので、ここから抜け出して物事を統合して見ることができる第4段階へ発達することが課題であるとの意味である。

例えば、自分の母親について、自分を叱る怖いところもあるけれど、総合的に見れば、「自分を愛してくれる人であるとの母親に対する統合像を持てる」ということである。

一般心理学でいう「両価性」とはこの統合像を持てた、いわば健康的な第４段階の状態を静的な状態で述べているものであって、第３段階における「分裂」から段階的に発達する動的状態と、課題未達成のときに起こり得る問題を考慮していないのである。

このような正確な理解がなされて初めて、一般の記述が不完全なものであることがわかるであろう。「世界大百科」の記述内容は、カーンバーグが述べた「精神発達モデル」の第３段階での課題「分裂の克服」が成功し、第４段階以降の「統合化」なされ、健康に成長できた人間にのみ適用できる定義である。

一人の人間の心の中で、誰か特定の人に持つ愛憎相反する感情は、通常は統合されて嫌いなところはあるけれども、全体として相手をみたとき「愛すべき人」と結論されるように、一つの統合像に纏まっているのである。一般心理学の定義では、このように「愛憎」相反するものが統合されてはいるが分析すれば、その奥底に一部「憎」も存在するよ、という意味であって、精神分析学の定義とは、全く異なるものであることが分かると思う。

まして、一般人の説明はむしろ読んだ人の誤解を生み出すような誤謬に満ちたものである。前掲した「障害者ドットコム」（注６）の「（愛憎）どちらか一方を無意識に抑圧して見ないようにしてしまうことで葛藤が起こって」の記述は明白な間違い、つまり知識不足である。

「どちらか一方を無意識に抑圧して」ということは、その現状として「分裂」が起きていることを示しているのであって、つまり「統合化」されていない「原始的防衛機制」の只中にあることをいうのであって、「無意識に抑圧して」いるのではない、一つの症状なのである。

さらに「アンビバレントであることは人にとって至極当然」ではないし、「無理やりに白黒つけようとすると心に負担がかかる」というのも間違いで、その状態というのは「無理やり白黒つけ」なければならないほど、幼児的に「分裂」しているということであって、その状態から自分で「統合化」できるほど簡単なものではないことは専門分野では知られた事実である。

このような間違った情報があたかも事実であるかのように流布されることは、逆にいうと一般の人にとって「病気」の真相を理解することの難しさの間接的な証明といえよう。

カーンバーグのいう、第3段階の課題未達成で終わった場合、幼児の取り得る自我防衛方法は、「原始的（Primitive）」といわれる幼児的、退行的な「分裂

(Splitting)」にしがみ付かざるを得なくなるのである。それゆえに、精神分析学の正しい規定通りの「両価性」が現れやすくなるのである。

前述した通り、韓国社会そして、韓国人個人の中に現在なお多くの分野において「分裂（Splitting)」状態が見られることを示した。

韓国が、さまざまな歴史的、社会的、政治的な問題を踏まえて、建国したとき、つまり日本統治を離れて、韓国社会や韓国人個人の持つ精神的葛藤もまた大きかったのだと推測できる。このような大きな葛藤に見舞われたとき、分裂機制が優勢な社会や個人に起こることは、ある種の「退行現象（Regression)」であることはよく知られている。

おそらくはその結果として、日本に対する「両価性（Ambivalent complex)」症状が現れたと見ることができよう。

あとで詳述するが、韓国人女子留学生に対して、アメリカ・ラトガース大学のローデン教授は「二十世紀の人類史において、当時の朝鮮人ほど過保護を受けて幸福に暮らしていた民族はいない。」と断言した。日本統治以前の朝鮮が、中国や露国からどのような扱いを受けてきたかの史実と比較すれば、当時の朝鮮の人々がいかに日本を信頼していたかがわかる。

つまり、笠原嘉氏が述べるように「もっとも頼りにし、もっとも愛する存在をもっとも憎むというダイナミズム」が生じたであろうことは想像に難くない。端的に言えば、韓国にとっては他の外国、例えば中国や露国は、信頼できないし愛する存在でもありえないので、憎むこともしないのである。

このような現象は、精神医学の現場では全世界的に症例として起きている現実であり、韓国にだけ特別に現れる現象ではないのである。

韓国人は最も日本を信頼し、最も愛するから、最も憎むのであり、「そうすることしか韓国には愛の確認のしようがない」から日本だけを攻撃するのである。

これが、なぜ韓国は中国や露国に謝罪や賠償を求めず、しつこく日本にだけなぜ攻撃をするのか、という疑問への正確な理由である。

国民の虐待と愚民化による「両班」の復権

上記のような韓国人一般の精神状況のさらにその上に、韓国特有の社会的、政治的な条件が加わったと考えられる。

例えば太平洋戦争が終わって、朝鮮だけでなく台湾も日本統治から離れ、蒋介石軍の支配下となり、元から住んでいた台湾系住民には学校で徹底した反日教育が行われた。しかし、学校から帰ってきた子供たちに親たちは「それは嘘だよ」と自分たちが実際に日本の統治下で体験した事実を話したという。そのような反日教育を受けながらもアジアにおいて台湾は今なお、もっとも親日的な国である。

韓国においては、政府、役所をはじめ社会組織を実際に動かす官吏、技術者のほとんどが日本の朝鮮総督府下で働いていた幹部たちであり、簡単に代われる人材がいなかったこともあり、そのまま元の職場で働いたといわれる。

一方、日本統治下でいわば「貴族から平民に身分を落とされた」旧両班たち、政治家、知識人、マスコミ人は、日本のくびきを離れ、自分たちの復権を夢見たのであろうと推察される。日本統治下にあって、日本がすすめた法治主義、国民皆教育、身分制度廃止、女性の復権、という政策は、すべて彼ら両班貴族の既得権益を阻害し、彼らの存在価値を失わせるものであった。それゆえに日本統治時代に鎮圧されたが、彼ら両班の日本への抵抗運動は激しかったと言われる。

また日本統治と連合国軍政下を離れて、独立が与えられたことは、自力で独立できなかった彼らの尊厳を傷つけるものでもあったろう。

旧支配階層の復権は、日本が行った政策を否定することから始まった。捏造した歴史教科書で子供たちを先ず知的に支配し、漢字教育を停止して国民をいわば「愚民化」することにより、自分たちの「文字支配」「知識独占」「支配権再建」と旧時代と同じ状況再建、を実行していったと考えられる。

彼ら「新支配層」もまた、庶民層と同じように精神的にはかなり退行して自己防衛のために「原始的防衛機構」にすがっていたであろうことが推測される。

たとえ事実であっても、自己の価値を貶めるような事例は一切認めない歴史記述は「否認（Denial）」行為であり、自分たちが行った悪しき行為はすべて日本が行ったことに「投影同一視（Projective identification）」を起こしたからこそ、「独立記念館」で残虐行為は日本がおこなったという捏造ジオラマを作ったのである。これらを作り上げた人々は、退行して幼児化した政治家、学者たちであり、自分たちの復権のために国民を愚民化することさえ厭わなかったことがわかるのである。

第３章　日本が目指したもの

朝鮮総督府が目指したもの

日本が国際連盟・パリ会議に置いて、「人種差別撤廃法案」を提案したのは１９１９（大正８）年のことだった。オーストラリア、カナダを始めアメリカ大統領の「全会一致の決議が必要」との強い反対にあい、この提案は否決されてしまったのであるが、この当時から、「人種差別撤廃」「国民平等」「男女平等」「教育機会均等」を政策の中心課題にしていたことは確かなことである。

したがって、日本が統治したカロリン群島、台湾、朝鮮における統治政策もほぼ同じ政策を取り、特に合併国であった朝鮮半島は日本本土の一地方と同じ扱いをして、同質の国民を育てようと同じ教育を行った。ただし、地方の文化特質を育成するために、学校教育の中に朝鮮語学習をおこなわせた。

両班層の反対運動を押さえ込んでまで、国民平等の学校教育制度を朝鮮半島全域に普及させ、特に女子教育に力を入れて男女平等の意識を育てようとした。また漢語、朝鮮語の参考文献すら皆無の当時の状況下では、高等学問や最新技術を習得する上で日本語教育を行わざるを得ず、日本語知識は朝鮮人指導者を育てる上での必須条件であった。

日韓併合時、全人口の2割が支配層両班で、4割が奴隷階級、残りが庶民であったと言われる程、政治的、文化的、地域的にばらばらな階層に差別されていた朝鮮半島の人々は、鉄道、道路、電気、通信、法律、等のインフラの整備と相まって初めて平等な同じ立場の公民として扱われることになった。

いわば日本の統治政策は社会的に「分裂（Splitting）」していた状態から、各階層の人々を公民として「統合（Integration）」したことになり、このことは朝鮮人個人の精神の中での「分裂」状態から「統合化」への触媒の作用をしたにちがいない。

さらに日本は、それまで両班はもちろん朝鮮人自身が意識しなかった朝鮮語や朝鮮文化についての調査研究を改めて行い、それらの価値の体系化、学問化を行った。

例えば京城帝国大学の小倉進平教授は朝鮮語研究の専門家として、朝鮮各地に言語調査に赴きまた朝鮮古語の体系化を研究し、学士院恩賜賞を受賞する成果をあげた。

また埋もれていた朝鮮古陶磁器研究家の浅川伯教、浅川巧兄弟は、民具であった白磁の陶製技術復元を研究し、朝鮮民族美術館を設立している。

これら日本人の朝鮮研究は、朝鮮人自身が見向きもしなかった自国・朝鮮文化の価値を再確認し再生させる学問的基礎となり、いわば「朝鮮、朝鮮人とはなにか」という朝鮮人の「自我同一性」を育てる礎となったのである。

韓国日報の論説顧問であった、李圭泰氏は著書の中で、伝統的な韓国社会における女性問題を取り上げ、以下のように紹介している。

韓国の昔の母親たちは、しばしば子供を泣かせる必要に迫られた、ある強迫的な立場に置かれていた。家庭での嫁が置かれた立場は、まったく不合理なものだった。嫁はいかなる不当な立場に置かれても、人間としての感情を表してはいけなかった。嫁に行った女性は夫の家で、ただ壁のようにいかなる感情も見せずにいなくてはならなかった。姑にいじめられると、嫁は自分が背負っている赤ん坊の尻を痣ができるほどにつねる。泣く赤ん坊の泣き声はまさに泣かせた嫁の示威であり、レジスタンスだ。自分の体の一部であり、いじめる姑の孫でもある自分が産んだ子供を泣かすことで、彼女の叫びと嘆きとあがきを彼女の分身の子供に代行させた、と述べている。（注1）

現代の基準からすれば、家庭環境、育児環境ともに最悪で、恒常的「虐待（Abuse）」環境と認定される状況下であった。当時の朝鮮総督府の政策から見れば、朝鮮社会の男尊女卑の解消、女子の地位向上、育児環境の向上、は必須の課題であったので、朝鮮人女性の指導者の育成、女子教育施設の開設が急がれたのである。

つまり、男女平等思想の普及による人格の尊重教育とともに、職業婦人としての女性教師の地位保全、さらに女子師範学校の設立とともに朝鮮人女生徒を日本に留学させ、女子教育の新しい知識と教育制度の指導者育成をめざしたのである。

いわばこれらの政策は、女子の人権回復の手立てであり、家庭環境、育児環境の好転は朝鮮社会における、母子癒着を解消し、幼児が一人の人格をもった近代的人間として成長できる環境を整える具体的施策でもあったと考えることができる。

それは、P122で紹介している、カーンバーグの「ヒトの精神発達モデル」からみれば、まさに重要課題の一つ、「原始的防衛機制である分裂（スプリッティング）の克服」して「統合化」する次の段階への発達の手助けとしての役割を果たしていることになる。

言い換えれば、日本は朝鮮併合統治という方法をとりながら、朝鮮にとって精神的発達を促す「治療者」の役割を果たしていたことになるのである。

この点について社会保険中京病院・神経精神科部長の成田善弘氏は次のように述べている。

精神医学を医学の他の領域から際立たせている特徴の一つは、その対象が狭義の疾患ばかりでなくパーソナリティ全体に及ぶということであろう。治療者は疾患を治療して病前の状態が回復することを目指すだけでなく、患者のパーソナリティが成熟し、主体性が育つことを願うのである。（注２）

日本語の力

明治27・8年戦役と呼ばれた「日清戦争」が１８９５年に終了して、朝鮮の宗主国であった清国は日本に敗戦した。敗れた清国では、敵国であった日本に学ぶべく、多数の清国人留学生を日本に派遣すると同時に、幼稚園から大学に至るまでの学校を創設するために、一千数百名以上におよぶ多数の教師を日本から招いたことは、あまり知られていない。

当時の清国では民衆の９割以上は支配される側であって、教育程度も低く文盲が大多数であった。民衆にとっては、中国固有の文化さえ意識に上らず、民族意識、国民意識も希薄なものだった、といわれる。

日本は、明治維新を契機に、西欧から新しい学問、知識、思想、技術の導入を急ぎ、輸入した各分野の書籍を翻訳していった。それまでに日本に存在しなかった概念や抽象語、術語は新しい漢字語で創作する他なかった。こうして明治中期を過ぎる頃には、各専門分野の翻訳書が出揃い、また帰国した欧米派遣留学生が各分野の指導者となり大学でも日本語で講義が出来るようになった。このため、日本語を習得すると、欧米の最新知識も日本語で学べるようになり、出版会社が企画した、「世界思想全集」「世界文学全集」等が販売されたこともあり、日本語を学ぶことは当時の「世界語」を学ぶことと同じ実用価値があった。

したがって、当時の清国や朝鮮では、あたらしい学問や専門技術を学ぶためには、日本で創作された「漢字語」を逆輸入せざるを得なかったのである。

ある中国人は以下のように述べている。現在中国人がよく用いる漢字語の多くは、日本語に由来し中国固有のものではない。これら外来の単語は生活に入り込んで中国の用語となった。学校が設置され日本に留学していた学生たちが大勢で帰国して新教育を始めた時、中国には教材とするべき教科書が一冊もないばかりか、教科書を編纂できる人間も一人もいなかった。またしても日本に学び、模倣するしかなかった。1903年~1918年の間に清国官庁が雇用した日本人教師は、1，697名を数える。こうした大量の日本教師が中国に来て、ほとんどあらゆる学校で授業を担当し、中国の新教育建設を助け、近代化した学校教育の基礎を固めるのに大きな功績があった。中国の近代史上もっとも重要なことは、男女平等と民衆の覚醒であろう。この2

点において日本留学生は重要な促進作用をはたした。（注３）

朝鮮の両班が宗主国として長年崇め、朝鮮統治の模範とした清国でさえ、実際はこのような状態であった。

「徹底的にわかる」日本語

前述した、拓殖大学・呉善花教授の著書に大変興味深い記述がある。

呉氏が来日して五年ほどたったころ、氏はある日本人が「国破山河在」という漢文を書き、それに送り仮名をふって「国破れて山河在り」と示し、そのまま日本語で読み下して見せたことに心から驚いたというのである。

日本では漢文の読み方の方式が確立されているため、外国語が簡単に日本語になってしまう。まるで魔法のようだと感じ、また返り点、送り仮名をつけて訓読みにすることが「日本人として徹底的にわかることを意味する」というところに氏は大きな衝撃を受けた、というのである。（注４）

この日本語の機能については、日本人にとってはあまりにも当然なことなのか、特に語られることはないので逆に元韓国人である呉氏の方が、漢字と大和言葉の特殊性に敏感に気づかれたのであろうと推察している。ひらがな、カタカナを創作し、「漢字」を古来からの「やまとことば」で使いこなす方法を確立するまで、たしか数百年かかったはずである。その結果であろうか、漢字学者の山川静氏は「漢字は国字である」とさえ述べている。

日本で使われている漢字は、表音文字と象形性を持つ表意文字でもあり、音と訓という使い方をする、複雑性を持つ文字であるが、いったん基本的な漢字を記憶すると、難解な専門用語あるいは抽象語でも、その意味をおおよそ把握できるという特性を持つ。

しかし、他の多くの言語ではこのような融通無碍な機能を持ち合わせていない。たとえば英語でもそのような機能はないので、英語を母国語とする人であっても一般人は専門家が使う術語を即座に理解できず、庶民と専門家の間には大きな知の階層が生まれてしまうのである。

たとえば以下の英語は高級語と呼ばれる専門用語であり、英語圏の大学卒の人でも、聞いても見ても必ずしも即座に正解はできないであろうと思われる。

Claustrophobia　Seismograph　Acrophobia　Pithecanthrope

ichyology

恐らく相当知的な人であっても、語尾の意味からphobiaは病気か、graphは計器か、logyは学問か、までしかわからない。

これら英語の高級言語は、ギリシャ語、ラテン語が元になっているので、普段使っている言葉から推測できず、一から意味を記憶するしか方法がないからである。医師、技師、学者等の人々の専門性と庶民とは明確な違いが生じるのである。

しかし、上記の高級英語を和訳した以下の語彙について、内容を詳細に知らなくても中学を卒業した日本人であれば、それぞれの語彙の意味するところをおおよそ理解することができる。

Claustrophobia（閉所恐怖症）、Seismograph（地震計）、Acrophobia（高所恐怖症）、Pithecanthrope（猿人）、ichyology（魚類学）

狭い所を恐ろしがる病気だな、とか、地震の強さを測る機械だな、とか、特別な学識経験者でなくとも語彙の意味はおおよそ理解できるのである。

なぜこのような違いが日本語と英語の間に見られるのかといえば、日本語では日常的でない難解用語や専門語の多くが、普通に使われている基本的な漢字の組み合わせで作られているのに、英語では高級な語彙のほとんどすべてが、古典語であるラテン語あるいはギリシャ語に由来する造語要素から成り立っているからである。

日本語は音声と映像という二つの異質な伝達刺激を必要とするテレビ型言語であり、西欧の諸言語は音声にすべての情報を託すラジオ型の言語である。この表音文字は、原理上、音声で弁別できる情報以上のものを表すことができないのだ、と言語学者の鈴木孝夫氏は述べている。（注5）

その一方、漢字を捨てた韓国では、音声を記録する記号であるハングル専用であるから、原理上同音異義語は弁別不能であるし、抽象語、専門用語のすべてをハングルで造語することができなくなる。従って韓国人大学生は、専門用語を英語や日本語など他の外国語で学びなおすしかない状況に陥っているのである。

では、漢字の本家である中国での漢字の使い方は、日本語よりさらに機能的なのであろうか、という点についてであるが、中国には日本語のように音訓の違いはなく、韓国と同じ音声を漢字に当てはめて記載している。たとえば、第45代アメリカ合衆国・大統領Donald Trump氏は日本語では「ドナルド　トランプ」氏と一通りの方法で記載する。中国語表記は以下、5種類あると言われている。

「唐納徳朗普」「當労特朗普」「當労杜林普」「當労川普」「唐納徳川普」

万葉仮名の時代の古代日本のような、音声を漢字に合わせた使い方をしているから、正しく読みかつ、意味を正確に理解するのはかなり難しいことになるのではないかと思われる。中国の大学生も、術語は丸暗記するしかなく、しかも漢字から内容を理解する手立てがないので、英語の術語と同じ状態であることがわかる。

このように見てくると、日本統治時代に朝鮮人や台湾人が日本語を学校教育の中で学習した意味が明らかになってくるはずである。

台湾人も朝鮮人も、「日本語の力」を使えるようになって初めて、自分の頭脳で自由にしかもかなり高級な抽象思考や学問的あるいは技術的な論議に参加できるようになったのである。このことは従来の「知識の特定階層の独占」から解放することを意味し、個人の覚醒、自我の確立に多大な効果をもたらしたのである。

韓国女子米国留学生の誤認

ネット情報（YouTube）の中で、興味深く感じた以下のような事例がある。

アメリカの名門・ラトガース大学の大学院に留学していた韓国人女子学生の話である。

この女性が博士論文の主題に、「日本が朝鮮半島を植民地支配した時代の教育と女性問題」について研究したいとの自分の研究計画を説明すると、主任のローデン教授は次のように発言した、と言う。

「日本の植民地はその後いずれも経済的発展をしたではないか。そんな結論の出ている問題を今更どうして研究するのか？　文明のシステムを日本の植民地主義は朝鮮半島に導入したではないか？　スペインやアメリカやイギリスは日本のように本国と同じような教育システムを植民地に導入しなかった。当時の朝鮮半島の人々は文明のシステムを独自の力で導入するのに失敗した。日本の植民地主義なしであれほど早く文明の世界システムに入れただろうか？」

理由は不明であるが彼女はどういう訳か、第三者の米国人学者が当然、韓国の側に立ってくれると思い込んでいたというが、この米人学者の発言はさらに彼女には衝撃的だったという。「日本の過保護で世界一幸福だった二十世紀の朝鮮民族の「韓国併合」といわれるものの本質は、日本の朝鮮植民地化ではなく「日韓の合併」だった。戦後の朝鮮人はよく「日帝の植民地略奪」を強調し、日本人も朝鮮では台湾以上に過酷な統治が行われていたと考えがちだが、事実は全く逆である。二十世紀初頭まで糞尿だらけで世界一不潔な都市と言われていた現ソウルなど、美しい近代的な街に変貌し半島の人口も倍増した。普通の近代国家なら国民が国防費を賄うのが義務であり常識だが朝鮮人からは一銭足りとも徴収しないという特別待遇だった。二十世紀の人類史において当時の朝鮮人ほど過保護を受けて幸福に暮らしていた民族はいない」

韓国人の彼女はこの発言に怒りがこみ上げ、懸命に反論しようとしたが、頭の中が真っ白になり、感情だけが高ぶって、そんな論文を書いたら、韓国に戻れなくなる！との不安が一瞬心をよぎった、というのである。

さらに彼女は、論文の相談をした別の経済学専攻の教授は「植民地化された国家の中で韓国と台湾ほどに発展した国があるか？」とまで言われたという。

たしかその後、この韓国人女性留学生は、イギリスの大学に移り、イギリスで英語の論文を書いたと仄聞している。

そして客観的に見て不思議に思うのは、この韓国人女子留学生は、何故にこの主任教授が「韓国の側に立ってくれるのが、当然だ」と思い込んでいたのだろうか、ということと、少なくとも大学の学部を卒業し、大学院で修士過程を修了したはずなのに、しかも自分が博士論文を書こうとする主題の、歴史的事実関係の基礎的知識さえ欠落している、と言わざるを得ないのだが、これは一体どういうことなのか、通常ではとても理解できないのである。

それと、これは基本的な疑問だが、この女子学生は、何故、わざわざラトガース大学の大学院で「日本統治時代の朝鮮での教育と女性問題」を研究テーマにしようとしたのだろうか。

これは他の韓国人留学・学部生の例だが、以下の事例では、自己の目的が何かの目標を決めた専門知識を得るためではなく、楽に単位をとって卒業することだけを目的とした、本末転倒した韓国人留学生が多いという噂を裏づけるような姿を示している。

韓国人・作家の金完燮氏は韓国政府によって販売制限を受けた自著の中で、米国留学中の韓国人学生が、卒業資格を得ることだけを目標に試験が楽そうな科目を選んでいる姿や、韓国で受けた捏造された歴史を教授に指摘されても、自分で調べることもなくただ感情的に反発する姿を紹介し、海外に出た韓国人留学生が非論理的行動をとるようにしむけた韓国の歴史教育を、深刻に考え直さなければならないと述べている。（注6）

色々な大学にはやはりそれぞれに個性がある。特定の分野に秀でた教授陣がいるとか、集積している資料が特定分野でトップクラスであるとか、その大学なればこその専門分野がある等の理由によって、通常はその大学に学生や研究者が集まるのである。

ところが、ラトガース大学大学院が彼女の研究テーマに適した場所であったとはどうしても思えないのである。博士論文であるから、一次資料、二次資料の調査・研究は必須であり、従来の論文の蓄積、審査専門家の存在も絶対に必要になる。まして彼女は歴史背景の基礎知識さえ欠落した状態であれば、それら研究資料や環境が必須なのである。

さらに、ローデン教授の発言「そんな結論の出ている問題を今更どうして研究するのか？」はその大学が彼女の研究に適切ではないということを間接的に物語っている。

確かにローデン教授の日韓関係の歴史的事実に関する知見は正確である。しかしそのことと、博士論文の研究環境の最適条件とはまた別問題である。

韓国での女子教育の重要性

なぜなら、この韓国人留学生の研究テーマ「日本統治下の朝鮮における教育と女性問題」は、ローデン教授が言うような、「結論が出ている問題」ではなく今日なお課題となっている古くて新しい問題であり、博士論文の課題として充分な主題であるからである。そしてこの主題で研究を進める場合、「日本統治下」当時の一次資料つまり、朝鮮総督府学事局の原簿にまで遡らなければならず、これらの資料はほとんどアメリカにはないしアメリカには専門家も少ないのが現実である。

また、なによりローデン教授自身が「そんな結論が出ている問題」としか理解していないことつまり、問題の重要性に気づいておられないこと自体が、その証拠である。

2003年に京都大学に提出された「植民地時期朝鮮における朝鮮人女子日本留学生の研究」という博士論文がある。筆者は朴宣美・筑波大学准教授である。

この研究論文を通して韓国人女子留学生であった朴宣美氏は、朝鮮総督府が残した一次資料を遡り、また日本の大学の古記録を調べ、1952年当時の韓国人日本留学生は、29427名であり、女子学生が2，947名の多数であったことを初めて実証したと言われている。当時の留学生生存者へのインタビューや当時の朝鮮の女学校のカリキュラム、学籍簿まで調査し、当時の女子教育の最新知識であった「家政学」を学んだ日本留学朝鮮女子学生が朝鮮に戻り、女学校教師となっておこなった女子教育が当時の朝鮮女性の地位向上にいかに役立ったかを初めて実証した画期的な研究であり、近代的ジェンダー論の朝鮮導入についての研究は現在なお続いているという。

このような事実関係からすれば、その韓国人女子留学生は、彼女の博士論文の主題を重視するのであれば、研究条件が整った日本の大学を選ぶべきだったと言えるだろう。またラトガース大学で博士論文を書くのであれば、ノーベル経済学賞受賞のフリードマン研究室の流れを汲む数理経済学とか、その大学ならではの研究テーマの選択が望ましかったのではないかと残念に思うのである。

さらに、「そんな論文を書いたら、韓国に戻れなくなる！」とはどういうことなのであろう。学部の卒論ならまだしも、大学院での修士論文を書いた上での博士論文であるはずなのに、学問研究の判断基準に客観的事実以外の、ある意味政治的判断が現在なお必要とは、韓国社会が想像を超える状態であるらしい事だけは推測できるのである。

両班の逆襲

韓国近代史上、中興の英主と今も韓国国民から尊敬されている第5～9代大統領・朴正熙氏は自身の著書の中で、自国の歴史について以下のように述べている。

「わが五千年の歴史は、一言で言って退嬰と粗雑と沈滞の連鎖史であったと言える。この国の歴史は平安な日がなく外国勢力の強圧と征服の反復のもとに、かろうじて生活とはいえない生存を延長してきた。そしてこのような侵略は地域的な運命とか、我々の力不足のために起きたのではなく、ほとんどは我々が招き入れたようなものとなっている。

わが民族史を考察して、全体的に顧みるとただ唖然とするだけで真っ暗になるばかりである。真に民族の中興を期すなら、どんなことがあってもこの歴史を全体的に改

新しなければならない。このあらゆる悪の倉庫のようなわが歴史はむしろ燃やしてしかるべきである。」（注7）

上記のように朴正熙大統領は、韓国の指導者として、自国の歴史の真実を冷静・的確に現状を捉えて理解していたことが分かる。

ご承知の通り朴正熙氏は第57期日本陸軍士官学校卒で、中国戦線で戦い続け朝鮮戦争にも従軍した生粋の軍人である。多くの中進国で、軍人が国の指導者になる事例が多いのは、軍人が持つリアリティな現実条件に対する即応能力が必要になるからだ、とよく言われるがその特質がこのようなところにも表れているのであろう。

しかし、韓国初代～第3代大統領・李承晩氏は元来アメリカに亡命していた政治運動家であって実務家ではない。また、政権に就いた李承晩氏やその仲間達はほとんどが外国で政治運動のみを行ってきた人々であって、日本統治の実態を知らないゆえに、また「日本統治時代の善政」を認めると自分たち両班の存在自体を否定せざるを得なくなるゆえに、日本統治を否定するしかなかったのであろうと推察される。

朝鮮総督府から施政権を引き継いだ連合国軍は、実質アメリカ軍であった。アメリカ政府には、議会に日本と戦う理由を説明する必要があり、かつアメリカ政府は戦時国際法に違反して、大都市爆撃や原爆投下による非戦闘員の大量虐殺を行ってきたため、自己の非道を隠す必要に迫られた強迫的心理状態にあった。

したがって、アメリカ政府が戦争遂行目的の一つの建前として掲げていた、「朝鮮人民を日本の植民地支配から解放する」との捏造政策によって、次の朝鮮の指導者を独立運動家たちにまかせざるを得ないこととなった。

朝鮮獨立運動家、つまり旧両班の流れをくむ人々が支配権を回復したことが、逆に国民への虐殺、汚職の蔓延、内部抗争、国民の愚民化政策、戦乱の激化等々の悲惨な連鎖となったが、これら朝鮮人政府の政治形態は、旧両班政治家達にとっては当然すぎる常態にすぎなかった、と言えよう。

つまり日本統治の時代、旧支配「両班」層が日本統治に抵抗したのは、独立運動の形をとってはいたが、結局朝鮮の永年にわたる伝統的政治形態である「両班」体質をそのまま受け継ぐ形となったと推察できる。

韓国は「退行」してしまった

したがって、韓国独立初期の政治体制は、旧李氏朝鮮時代を引き継いだ形に退歩して、支配階層の独断と専横、派閥闘争の混乱と国民の愚民化政策がまかり通る形になった。

このような現象について、歴史家の長山靖生氏は次のように解説している。

愛国心と誇りある歴史とは本来的には無関係なものだ。誇るべき歴史の有無にかかわらず、国を愛するのが愛国心であり、むしろ誇るべき歴史を前提とした愛国心教育は、歴史の「正しさ」が否定されたら愛国心を持てなくなる、という考えに通ずる危険性さえある。それを回避するために、あらかじめ愛国的に選択された「物語」を歴史教育に施すなどという欺瞞で若者を扇動した場合、本質的には若者のためにも国家のためにもならないのは、言うまでもない。

本来自分はもっと立派で偉大であるはずなのに、世間はその「事実」を認めようとせず、自分を正当に処遇しようとしない。自分は本来の、あるべき自分の姿を取り戻したい。今現在の自分の不遇をかこつのに、差し当たって夢をつなぐのは過去しかない。このような精神病理は今でも決して少なくはない。

上記のような長山氏の指摘の通りの現象が、海外にでた韓国人留学生の間に典型的な問題として起こっていることはすでに実例をもって述べた通りである。

このようにして、韓国の支配層に戻った、かつての両班層は、李氏朝鮮を「美しく平和な社会」に、日本統治を「地獄」に描き直さなければならなければ、自己の正当性を主張できないとの思いに精神的に追い詰められていた。

もし両班の人々が健全な精神の持ち主で、しっかりした自我をもっていたならば、李氏朝鮮の時代と日本統治の状況を冷静に比較し、近代的国民国家としての韓国の姿を計画できたはずであるが、やみくもに過去に回帰しただけであったということは、幼稚な原始的自己防衛しかできなかった精神状態であったことを示している。

そこにたまたま起こった朝鮮戦争で国内は大混乱に陥った。このような非常事態に追い詰められた時、人はさらに退行して幼児化する。結果として旧両班が行ったであろうことと類似した行動をとった結果が、庶民切り捨て、虐待、分断化、愚民化の政策への回帰であった。

旧両班は文民官僚であり、軍事は全く不得手であり、指導者でありながら戦時には逸早く庶民を見捨てて一番に逃走した。北朝鮮軍がソウルに迫った時、李承晩大統領はソウル市民に市内に留まるように命令しながら、退路の橋を爆破させ自分たちだけは釜山に逃走し、さらに山口県に逃亡しようとして連合軍司令官に押し止められたのは、偶然ではなく両班政治の伝統を継ぐものであった。

また「思想犯」に名を借りた反対勢力の大量虐殺は20万人以上に及ぶと言われるなど、庶民を同じ国民として平等に見ることもなかった。このようにして一般国民は日本統治時代とは真逆の恐怖政治の状況に追い込まれて、自国政府によって生命さえ奪われる事態に陥っていった。このような恐怖政治の元で、庶民は捏造された自国の歴史の学習を強いられることとなった。

朝鮮の庶民にしてみれば、頼りにしていた日本からは「見捨てられ」、旧両班政府から再び過去と同じような扱いを受けて、生命と引き換えに否応なく従わざるを得ない状況に落とされてしまい、絶望するしかなかったであろうことは容易に推測できる。

このようにして、国民の平等意識の元に精神の「統合化」を図った日本統治の状況は一変し、かつての分断された、いわば「分裂（Splitting）」した状態に朝鮮は逆戻りしてしまったのである。

旧両班であった韓国政府は「両班」層の自己防衛のために、庶民を犠牲にして「歴史の捏造」をして「反日教育」を行い、庶民は日本に見捨てられたと感じたゆえに、「親日と反日」のアンビバレント（両価的）な状態に退行していると見るのが正確であろう。

もう一つ、穿った見方がある。

「ホモサピエンス全史」の著者である、イスラエル大学のユヴァル・ノア・ハラリ教授の説によると、「人間は虚構を信じる特殊能力があり」いつも「真実はフィクションに負ける」のだという。なぜなら「真実は汚いもので目を背けたくなる」し、「虚構フィクションはローカルな部族の物語」だから部族に通じやすく、一方、権力側は「現実を動かすための「物語」を作る」からである、というのである。

第4章　「治療者」としての日本

渦の中に巻き込まれた日本

この試論の当初、「はじめに」欄で日韓関係に関して、私は従来のものの見方とは異なる新しい論理や事例研究が、日本の側に生まれていないのが気がかりだ、と述べた。また筑波大学の古田博司教授が著作の中で「韓国・朝鮮には「助けず、教えず、関わらずの非韓三原則」で対応すべきだ」と記述していることを例示して、この文章は「相手を理解することは不可能で、自分にはもう対応するすべがない」と告白しているのと同じ意味を持つと述べた。

また、日本経済新聞のコラムで、ここ数年、本屋のヘイト本コーナーで韓国や中国への差別や偏見や憎悪を剥き出しにしている出版が多いと述べられていることを例示した。しかしながら、なにゆえ「ここ数年」そのような中国韓国に対する「ヘイト本」が多くなったのかの理由はそこでは記載されていない。また、古田教授の著作も「韓国・韓国人の品性」であり、その他の外国に関するものではない。なにゆえ、日本人は中国、韓国の言動にそれほど敏感に反応するのであろうか、と疑問に思うのである。

例えば、以下の文章を読んで、この筆者の国籍を答えられる人はいるだろうか。

「（我々は）日本人が戦時中の出来事について謝罪しても、その謝罪は受け入れられず、そのたびに徒労に終わるという結果を招いている。こういった謝罪を、繰り返し横柄に日本側に求め、それに対して日本側が謝罪をすると（日本はすでに何度か謝罪している）、〝謝るふりをしているだけ〟とこれを受け付けないという態度に出る」

多くの日本人は、中国か韓国、多分高い確率で韓国人の誰かが記述した文章だと考えるのではないだろうか。

しかしながら実はこの文章の著者は、オランダ最高の文学賞受賞者で高名な評論家のオランダ人、ルディ・カウスブルック氏のものである。（注1）

氏はインドネシア・ボルネオ島生まれで12歳の時に日本軍の進駐に伴い、在インドネシアのオランダ民間人約9万人のうちの一人として、3年間に及ぶ強制収容所生活を経験したのち戦後オランダに帰還した人でもある。

戦後、日本はオランダが賠償請求権を放棄しているにも関わらず、オランダは日本へは「被害者」としての立場を取り続け、日本は拘留されたオランダ民間人へ見舞金

36億円と個人補償2億5千万円余を支払っている。

一方オランダは三百年間支配してきたインドネシアには只の1円も支払っていないばかりか戦後再度侵略を試みて独立戦争を引き起こした挙句、インドネシアの独立の承認に際して「独立承認費用」60億ドルと、オランダ人の土地・財産の保全、油田開発費の請求を行う一方、植民地支配への謝罪を断固として拒否している。

さらにオランダは中国や韓国が日本に対して行っているのとほぼ同じ日本への非難攻撃行動を、長年にわたって日本に取り続けている。

また1971（昭和46）年10月、昭和天皇が欧州歴訪の旅の途中、立ち寄ったオランダで御料車に卵や魔法瓶を投げつけ窓ガラスを破損し、また旧インドネシア派遣軍人達が天皇陛下に対し尻を向けて堵列するなど、数々の非礼を働いた。

にもかかわらず、日本人がこれらのオランダ人の言動に対して、「嫌蘭本」を発刊したり「非和蘭三原則」等と記述した論説をしている例はなく、ただ一つの例外は「和蘭陀人は極めて人柄悪し」との記述を書き残した、慶応2（1866）年に日本を出発して欧米を巡業した曲芸団の興行師・高野広八（注2）以外に私は知らないのである。

ということは「ここ数年」の日本人特に識者と呼ばれる人々は、中国そして特に韓国のみに、なにゆえか、我知らず深く捉われて過ぎていて、冷静な判断ができない状態に陥っているのではないかと、私には思えてならないのである。

なぜ日本人は、西欧の反日行動には反応せず、中国や韓国の反日だけには過敏に反応するのであろうか。

つまり、日本の日韓問題専門家の考え方に柔軟性と創造性を失い、中国や韓国と同じような固定的な思考レベルに落ち込んでいるから、一般の日本人が持っている「韓国人とはどういう人達なのだろう」「今後、どう付き合っていけばいいのだろう」という、基本的な疑問にすら、理路整然とした回答ができずにいるのだと思われる。

しかしこのような我知らず相手に振り回される状態は決して珍しいものではない。例えば実際の医療現場には、このような相手（患者）の言動に思わず知らず心揺さぶられ、治療者自身が自分で気が付いてはいないが、相手のペースにのせられて、結局は相手に振り回されて、自分の通常の能力を出し切れずにいる状態は、しばしば起こることであり、特殊な場合は「感応精神病＝二人精神病（folie a due フォリアドゥ）」や一般的には「逆転移（counter translation）」として知られている現象がある。

つまり、現在の日本は中国や韓国からの影響で医療現場における治療者のように「逆転移（counter translation）」の渦中にあり、自分を見失い、普段の力を発揮できずにいるのと同じ、と考えることができるのである。

日韓問題専門家の持つ「使命感」とは

本稿の「はじめに」で、一般的な日本人は「韓国人とはどんな人達なのだろう」という疑問と、さらには「今後、どう付き合っていけばいいのだろう」という不安が未だに解消されずにいると、述べた。

これらの疑問と、今後の日本人のとるべき方向については従来の説明とは違う、より論理的でかつ明確な回答をしようとした試みが本稿の主旨である。

すでに多数の親韓本、嫌韓本をはじめ韓国報道が溢れているはずなのに、なにゆえに多くの日本人は今もなおこのような基本的な疑問を抱えたままなのであろうか。それはおそらく、従来の日韓問題の専門家、識者の考え方や説明の仕方が、結局のところ核心部分には手を触れず、手垢がついた定形的で姑息なワンパターンに終始していたからではないのかと、私には思えるのである。

時事通信社・ソウル特派員であった室谷克実氏の以下のような論評がある。

室谷氏の周囲には、韓国（のみ）に関心があり、マスコミのソウル特派員を目指して新聞社に入ったような人物がいる。韓国・朝鮮問題を専門とする大学教授にも、昔から「韓国・朝鮮（のみ）に関心があり……の人が多いようだ。1960年代、70年代に「韓国・朝鮮問題を生涯の仕事にしよう」と思い立ち、それを実践した日本男児とは、〝普通の日本人〟と感性・感覚が違うのではないだろうかと室谷氏は疑っているという。

彼らの心中には「日本人の対韓偏見を助長させてはならない」といった使命感があるのではなかろうか、と思われる。日韓両国政府主導で始まった日韓歴史共同研究委員会では、韓国側の主張する見解に対して、日本側がデータを示して反論するなど、意見が対立すると韓国側は「韓国に対する愛情はないのか」と、日本側に食ってかかることが多かったという。それで韓国通の間では、前記のような使命感を「韓国に対する愛情」と揶揄するようになったそうであり、社命により突如として韓国に行った氏には、彼ら風に言えば「日本人の対韓偏見を助長させてはならない」といった使命感すなわち「韓国に対する愛情」がなかった、と述べている。

上記の室谷氏の言葉を借りると、不肖・私も「事実は事実。事実を書くのに遠慮してはいけない」というよりも、むしろ「遠慮する必要がなぜあるのか、理解できない」立場である。

仮に室谷氏の説の通りに従来のマスコミ特派員や大学教授達が、そのような「使命感」の元に報道・論評していたとしたら、〝一般の日本人〟には、韓国人や韓国についてバイアスがかかった情報しか届かず、正確な分析や判断はできなくなるはずである。

このような、一般の日本人を教導しなければならないとする意図を持って行動する「不遜」とも言える専門家の存在は、一般の日本人ひいては日本国の政策を進める上でのものの見方、そして一国の安全保障政策にすら害を及ぼす危険すらあると、私には思えてならない。

なぜならば、本稿のはじめに示した通り、〝一般の日本人〟がかくも基本的な疑問や将来の方針に不安を抱えたままであることは、尋常な状態であるとはとても思えないからである。

結局、「韓国人」とはどんな人達なのか

本稿では最初の疑問「韓国人とはどんな人達なのか」については、医学の「精神発達モデル」理論をもとに、幼児期の「分裂機制からの克服」課題の失敗により、幼児化した原始的防衛機制にすがり付いた「自我構造の分裂」という、ある種の不健康な課題を抱えた人々が取る行動とまったく同じであり、日本国内さらには世界中の医療

現場でしばしば起きている症例であり、医学的判断基準では明確な「症状」であり、韓国の文化や日韓関係に特有な「異文化問題」ではないことを説明した。

したがって、仮に韓国社会や韓国人の間、あるいは日韓関係にこの類例症状が多く見られるのであれば、その症例がいかにして発生したかの症例分析の手法により判断すればよいことになる。

例えば、通常では個人の症例であれば、身体的疾患検査、精神疾患検査、人格障害検査、心理社会環境検査、社会適応検査等の５軸で診断することになるが、ここに「対象者に対する愛情」とか「対象者に対する偏見を助長させてはならない」等の判断要素が入る余地はまったくないのである。

もしかりにそのような非科学的な判断要素が入ったとしたら、そのような評価する側の人間を排除して、再度客観的かつ正確にやり直すことになる。

韓国人をあるいは日本人を考える場合も同じことである。日韓関係について、何故今までこのような冷静な分析や評価がおこなわれてこなかったのか、専門家と言われる人達が何をしていたのか、理解に苦しむものである。

元来この「韓国人とはどんな人達なのだろう」という疑問は、正確には「驚いた！このような異常ともみえる言動をする韓国人とは一体どういう人達なのだろう」という意味である。この疑問の背後にある一般日本人が感じる「違和感」に、従来の専門家は一切応えてこなかったのである。

それは、まるで「違和感を感じてはいけない」あるいは「それは違和感ではない」「それは偏見だ」と言外に言っているかのようである。

従来の日韓問題専門家は「異文化理解」、「儒教社会の一般的価値観」、「韓国流」、あるいは「韓国では普通の社会表現である虚勢を張る態度」という表現すらあるように、まるで一般的日本人が感じる「違和感」「理解不可能」という疑問が、まるでちょっとした「理解不足」「行き違い」であるかのように情報操作をし、真相の究明と報告をまともにしようとはしてこなかったのである。

また、もし、彼ら日韓問題専門家が本心から、問題の本質をそのように理解し、信じていたのならばむしろその方がよほど大きな問題である。

結論からいえば、一般的日本人が感じる「違和感」「理解不可能」という疑問は当然の疑問であって、決して従来の日韓専門家が言うような「日本人の対韓偏見」なのではない。正確に言うと、日本人に限らず、一般的な健康人のもつ「病的症状」に対する理解不足からくる一般的反応にすぎないのである。

前章において「両価性（Ambivalent complex）」についての説明をおこなったが、

一般的健康人はその医学的説明を理解したとしてもやはり「違和感」「不可解さ」は残ったままに違いないと思われる。このような不健康な症状を持つ人々が引き起こす「症状行動（Symptomatic action）」の不可解さは、専門家以外に一般的健康人にはなかなか理解できないのが普通だからである。

つまり幼児期の自我形成に問題があった人々が取る行動は、しばしば「不健康」な「症状行動」となって現れやすい。一般的健康人、例えば一般的日本人にとって、「一体それは、どんな人達なのだろう」という「違和感」「不可解感」として疑問に思うのは至極当然のことである。

この反応を「日本人の偏見」と見る方がよほどどうかしているのであって、上記のアンビヴァランス的行動に対して「不思議に思うな」というかのような説明は、非論理的なかつ、ある種の意図を隠し持った、偏った主張なのである。

日韓問題専門家は「アル中妻」に似ている

先述した室谷氏がいみじくも指摘したように、日本の「韓国（のみ）専門家」が示す「日本人の対韓偏見を助長させてはならないという使命感」はそもそもどこから来るのであろう。室谷氏は「普通の日本人と感性・感覚がちがうのではないか」と述べたが、私には、「アル中妻症候群（Alcohol addictioner's wife syndrome）」と言われる人々との類似性を感じるのである。

「アルコール嗜癖（アル中）の夫を陰で支える妻」には、世界各国共通のある特徴があるといわれている。それは優秀でしっかり者であり自分のことより、夫を監視し、夫のズル休みを取り繕い、夫をかばい、夫の酒癖を注意し、毅然とした立派な主婦であることが多いといわれている。

なぜ「アル中妻」がそのようにしていられるのかというと、実は妻の方に問題があり、彼女は「自分がいなければ、夫も子供も駄目になってしまう」という、自分に対する「誇大妄想感」に取り憑かれていることが多いといわれている。

つまり、周囲に頼ってくる劣った者達がいて、頼られる自分がいてはじめて自分が自分自身として安心できる、そのような心情になっているために、人間関係における依存―被依存の悪循環が起きているということであり、これは医学用語で「共依存（Co-dependency）」として知られている一種の病的症状である。

私の目から見ると、「日本人の対韓偏見を」防止するために韓国人をかばい、韓国人の問題点を取り繕うための「使命感」を持った上で特定の情報を流す「韓国問題専門家」の存在には、まさに上に述べたような「アル中妻」と同じ問題が隠されているのではないかと思えるのである。

日本の韓国問題専門家は、韓国人という多くの問題や弱点を抱えて問題行動を起こしやすい人々が存在するからこそ、「私がいなければ、ちゃんとやっていけない人達だから」という自分自身に対する理由付けとなっているのではないだろうか。

これはある種の誇大妄想であり、医学的には「幼児的万能感（Childhood versatility）」と言われているものである。

幼児は自責的かつ妄想的な心理状態にあると言われ、自分は超人にでも何にでもなれるというような万能感をもつと言われる。思春期になって現実に直面し、失敗や挫折を乗り越えて大人になってゆくと言われているが、中には大人になっても幼児的万能感を持ち続け、自分に対し誇大な可能性を信じている場合がある。

そのような大人が手早く実現するのが、自分より劣った者を頼らせてコントロールし自分の中の万能感を満足させる場合があることが、事例として報告されている。

薬物依存の専門家、慶応大学の斎藤学講師はこの問題を以下のように述べている。

自分に依存する者をコントロールすることによって成立する精神的な安定など、それ自体が病的なものです。夫のアルコール依存症を回復させようと思ったら、妻はまず二人の間の共依存関係を緩和すればいいのです。それにはまず妻が、自分の時間と

力を自分の幸せのためだけに使おうと決意することです。（注3）

先に挙げた室谷氏が「韓国（のみ）専門家」に「普通の日本人と感性・感覚が違う」と感じたのは、以上述べたようなある種の「病的」匂いを感じたからではないかと、私は推測しているのである。

この推論が成り立つならば、従来の「韓国（のみ）専門家」が、ちょうどアル中妻が夫をかばい、言い訳を代行するように、韓国をかばい、言い訳をしてきたゆえに、普通の日本人からみると、さっぱり対象の本質や真の問題点が見えないという状況に陥っていたのだと理解できるのである。

韓国人と今後どう「付き合う」のか

日本人は韓国人に「今後、どう付き合っていけばいいのだろう」という、次の問題を考えてみることにする。

このとき注意することは、どこかの「専門家」のいう「助けず、教えず、関わらずの非韓三原則」とか「親韓」「反韓」「断韓」などの貧しい非論理的な考え方は全て無視して、論理的かつ冷静に、起こっている問題の基本から考えればよいだけのことである。

まず、日本人はなぜこのような質問のしかた、疑問のもちかたをするのであろう。そもそも「付き合う」とはどのような意味であろう。「付き合う」を英訳すれば「Associate」となり、これを再度日本語訳すると「仲間、友、会員」となり、広辞苑では「交際」となり、これは後トートロジー（同語反復）になり「つきあい」「交わり」となる。

つまり韓国人と「今後、どう付き合って」と考える時、すでに我々は韓国人を「仲間、友、会員」とすることを無意識に「暗黙の前提」としているのである。いうまでもなく日本もかつては階級社会であり、日本人同士でさえ即座に「仲間、友、会員」とはならなかったし、そのように考える習慣もなかった。

まして韓国人は明確に外国人である。当然、習慣習俗も言葉も価値観そのものが異なるはずである。それなのに、それら異質・違和感があるはずの現実条件を一切無視してなにゆえ「『仲間、友、会員』とならなければならない」、と発想するのであろうか。

ここが不思議である。

つまり一般の日本人である我々は、いつの間にか無意識のうちに、「人類は皆同じ、仲間、友、会員」と思い込むように一種の強迫的観念に落ち込んでいる事に、自分では気がついていないのである。

おそらく、西欧人はこのような発想のしかたはしないし、そのようなことで不安になったりしないのである。これはどちらが良い、悪い、の問題ではなく、事実としての問題である。

評論家の三浦雅士氏は会田雄次著『アーロン収容所』を引用しながら、イギリス、フランスをはじめ西欧社会が、日本人には想像すらできない階級社会である実態を次のように述べている。

階級社会とはどのようなものか瞥見した思いだった。イギリスのブルジョア（貴族階級）とプロレタリア（労働者階級）は身体から、ものの考え方から、何から何まで隔絶したものなのだ。私たちは階級という意味をまざまざと見出すことができたと、氏は述べている。（注5）

これは広く知られていることではあるが、英国軍において将校はその殆どは貴族階級であり、一般の兵士と知力、体力には圧倒的な差があり、格闘技でも将校が兵士に負けることはまずあり得ないし、また体格も歴然と違い遠望しただけでも将校と兵の違いは明確に分かるという。

西欧における貴族階級（指導者層）とは平民との圧倒的な実力差を維持するため知

力、体力、外見を徹底して鍛えた者を意味しており、「貴族の責務（Nobles Oblige)」とはこの教育・鍛錬と知力体力的実力の裏付けが存在したのである。

事実、第1次大戦後有名になった「アラビアのロレンス」こと、Thomas Edward Laurence中佐は貴族出身ではあったが身長が5フィート4インチ（１６５cm）にすぎなかったため戦闘部隊将校（１８０cm以上）にはなれず、本国での出世を諦めて中東に行き、地図作製の任務についたと言われている。

また逆に典型的な庶民階級出身の俳優「チャップリン」ことCharles Spenser Chaplinは幼少期の貧困と困窮に苦しみ、虚弱な肉体しか持てなかったといい、映画俳優として成功したのちも母国には戻れずスイスに居住し、彼にあった人は皆、氏のあまりの背の小ささ（5フィート4インチ＝１６５cm）に驚愕したと記録されている。

上掲の問題への回答の前に、我々一般日本人が持っている無意識の、気づいていないからこそ無意識なのであるが、このような不思議さに対してもう一度不思議に思ってもらいたいのである。つまり、我々一般的日本人には、ここ最近の傾向なのであろうが、全くの第三者に対してでも、反射的に相手に同じ日本人に対するような反応をしてしまう性癖があるということである。

「日本は逆転移の渦の中にいる」ことを知ること

上述したような「幼児期の自我形成に失敗した人々」は、しばしば以下のような症状行動をとることがある。

内面の不安や葛藤、感情を人格の内部機構だけでは処理できないために、重要な人物の存在なり援助なりに頼ってはじめて安定を得る構造になっている。頼りないとなれば読書や音楽で紛らわすことができずに、重要な人物をなんらかの形でそばに引きつけておくことによってバランスをとらなければならないのである。（注6）

このような症状を持つ人が「なんらかの形でそばに引きつけておく感情」のことを医学術語で「転移（Transference）」といい、引きつけられた人が思わず知らず持たされる感情を「逆転移（Counter transference）」と呼び、医療現場ではしばしばその症例が報告されるのである。

そしてこの「逆転移」下にある人（治療者）が、自分で気がつかない内に相手（患者）から取らされる行動の第一が、「肩代わり」である。

冷静になって近年になってからの日韓の歴史を見つめ直して、考えていただきたい。相手から頼まれた訳でもないのに、明治日本は自身の国家予算つまり国民の税金を使って当時の朝鮮の国際債務を「肩代わり」し、膨大な投資を行い続け国家間の収支は、結局は最後まで赤字であった。

戦後の日韓基本条約締結による国交回復時にも、通常の国家間では到底ありえない、自国の公的及び私的資産を無償放棄したのみならず、全く必要のない膨大な「独立祝賀金」を与えたのである。人類の歴史上、一国が他国にこのような「過保護」な支援を行った例はない。

これらの日本が行ってきたことは、本来韓国が自分で行うべきことの「肩代わり」である。つまり韓国と日本の間には、今なお「依存―支援」の関係、より正確に言えば「転移」と「逆転移」の関係があるということ、言い換えれば「日本は逆転移の渦の中にある」ということができるのである。

韓国人の仕事を「肩代わり」してはならない

医療の現場では、特定の症状を持つ人（クライアント・患者）が、本来自分が行わなければならないことは、「自分で自分の内面を見つめ、自分の問題を発見し克服していくこと」であり、この行為は、自分の内面にある矛盾、葛藤、逃避、分裂や過去の養育環境などを自分で見直さなければならない「自分の仕事」であることを意味する。

これはクライアント（患者）が自分の自我が原始的防衛機制である「分裂」状態にあることを認めねばならないことになり、その「認める苦しさ」から逃れるために、本来患者自身が行わなければならない自分の作業を拒否し、治療者に押し付け「肩代わり」させてしまうことから、起きる現象である。

先に紹介した室谷氏の記述の中にある、日韓問題を志望する、マスコミ関係者や大学教授等が「日本人の対韓偏見を助長させてはならない」という行動も、私からみれば「肩代わり」の一つである。

まして一般の日本人は「偏見」など持たず極めて冷静に不可解なものを「不可解」といっているだけのことであるから、尚更のことである。

「不可解」なことを「偏見だ」と見なしている専門家の方が非論理かつ現状分析力が欠如しているのであって、専門家自らが自分で自分のことを不思議に思っていないことからして、典型的な「逆転移」の渦の中に巻き込まれていると見なすべきなのである。

このように冷静に見てくると、先ほどの問題「今後、どう付き合っていけばいいのだろう」という不安感は、実は「日本とどう今後付き合えばいいのか」と韓国人が本来感じている不安感を日本人側に投げ込んだもの（投射／Projection）であって、日本人が「肩代わり」して感じてあげるような性質のものではないのである。

建国後の混乱、また旧両班層の復権のために政治的に捏造した歴史を自国民に押し付けて、「反日」を政治的手段として利用して、自国民に愚民化政策を実行しているとしても、それらは基本的に韓国国民が自分の力で解決しなければならない問題に過ぎないのである。

先に引用した文献の中で、長山氏が指摘したように、愛国的に捏造された「物語」を「歴史教育という欺瞞で若者を扇動した場合、本質的にそれは若者のためにも国家のためにもならない」のである。

実際に韓国人留学生が外国で「自国の本当の歴史的事実」を知り如何に苦しみ葛藤するかという問題はすでに世界各国で報告されている。

国力、経済規模、資金力、技術力、世界的評価、のいずれを取っても日本と韓国は比べうるはずもないのが実情である。韓国１国の２０２３年度・国民総生産額（名目ＧＤＰ）は、約１・７兆ドルであり、これはほぼ我が国のＧＤＰの40％に当たるのであって、逆に言えば韓国は日本の半分以下の予算で外交、国防、経済、厚生等、一国の予算全てを賄っていることになるのである。このように冷静に見ると、日韓関係によって日本が不安にならなければならない要素は、通常の判断基準からするとほとんどないのである。

日本人の取るべき道

治療者は自分の意見を語らず、自分の価値観を押し付けず、自分の個人的影響を極小にすべく努力しなければならない。

個性や人格を売り物にしてはならない。これは決して治療者が患者の言うがままに唯々諾々と従うというのではなく、患者がその本来の固有の人格になり、自由に行為し責任を負う存在になることを少なくとも妨害すまいと努めることである。これは決して容易なことではない。これを達成するためには、治療者は患者とのかかわり方をできるだけ意識化し、技術として訓練する必要がある。（注7）

上記は、医療の現場における患者に対する治療者の基本的態度についてのあるべき姿を記述した教科書の一節である。

日韓関係を冷静に振り返ってみたとき、実にこの「患者」対「治療者」の関係に酷似していることに驚くのである。

歴史的に、日本が韓国に対してとってきた態度は基本的には「自己主張の断念」である。韓国が建国以来とってきた「反日政策」に、日本は国家として正面切って向かい合ってこなかった。国交回復の長年にわたる外交交渉の末に、日韓基本条約を締結したのであるが、このとき、膨大な経済支援との引き換えに「反日政策」や「竹島占領」の全廃を突きつけることもしなかった。当時は独裁的な軍事政権であり、現在よりも実行可能な状態であったはずである。

しかもなお現在でも韓国国立の独立記念館における、日本の統治を貶める捏造されたジオラマ等が展示され全国の学生の供覧に供されているのに、日本国はあるいは日本の報道機関は歴史的根拠の確認を求めたり、これらの事実を正確に国内に報道してきたのであろうか。

従来の日韓関係の中で、韓国の一方的自己主張を日本側は黙認し続けてきたのであって、これはまさに医療現場での治療者が批判も反論もせず、じっと耳を傾ける態度とまったく同じである。

たとえば韓国の相手が中国であったとしたら、韓国は中国に対して日本に対するようなこのような態度は取らないし、実際問題として取ることはできないはずである。それは韓国側が、中国が自国に対するそのような韓国の態度を絶対に許さないことを永年の属国関係にあった歴史的経験から骨身に沁みてよく知っているからである。

このように見てくると、日韓関係がいかに特殊な関係にあるかがわかるのである。

であるならば、「今後、どう付き合っていけばいいのだろう」という疑問には一つの答えしかないことがわかる。

韓国に「どう向かうのか」

まず、この日韓問題に関しては、設問の仕方を変えて「今後、韓国にはどのように向かい合って行けばいいのか」と中立的に考え、なおかつ、従来までの「向かい合い方」にどのような意味があったかを再確認することである。

なぜなら、治療者は患者の人権や個性を大切にして「向き合う」が、決して「付き合ったり」してはならないからである。

意識していたかどうかは別として、幕末以来の日本の先人の方々が選んできた方法が、いかに論理的に優れていた方法であったかを再確認する必要がある。

結局のところ従来の日本は、「韓国人は、本来的には自分の問題を直視し、理解し、解決に向かって努めることができるはず」だと想定し、信頼し、主体性や人格の成長を期待するという方法を選んできた、ということである。

「こちら側の自己主張の断念」という方法は、ややもすると誤解されて「相手を甘やかしている」という批判を受けることがある。このことも医療現場において起きがちであり珍しいことではない。患者の成長に期待し、患者の主張に耳を傾け続ける治療者に対して「患者を甘やかしている」という外部の批判はよく起きるのである。問題は患者がやるべき課題を治療者が「肩代わり」せず、患者からの意識的あるいは無意識的な要請をそっと押し返し、「患者に自分で仕事をしてもらうこと」が重要だということである。

それは近年、かまびすしい「親韓、嫌韓、非韓三原則、断韓」あるいは逆に「親韓」「韓国に対する愛情」「共生」等と言う、非論理的、短絡的な感情論などとは次元が違う、将来を見据えた論理的方法論である。

逆に言えば近年の「韓国専門家」といわれる人々の解説や論説が先人たちと比較していかに劣化しているか、が分かるといっても良いであろう。

これこそが現代の日本における問題なのである。

「治療者」の責務としての自己分析

精神分析医となるためには、医学的知識を高めること、臨床技術を身につけることと並んで「教育分析」を受けることが基本的に推奨されている。「教育分析」とはベテランの指導医の元で自分自身が精神分析を受けることを言い、自分の生い立ち歴や対人関係や家族関係を振り返り、自分自身の無意識を探索するプロセスである。

自分の情緒や言動、振る舞いの原初構造を確認し他者との間で起こる転移や逆転移の特徴を理解しコントロールできるようになることで、独特の臨床技術を身につけることできることが知られている。専門的には平均100時間余の「教育分析」経験が推奨されている。

これは毎週1回1時間として2年間を要する長丁場であり、自分自身の隠れた心理的葛藤やコンプレックスを直視する必要があるので、非常に苦しいことも多々ある専門家になるための一種の修行である。

なぜこのような訓練が必要かといえば、我々の日常行動の全体のうち、意識的行動はごく少部分で大多数の部分は無意識あるいは前意識のよる行動であると言われている。つまり、意識していないあるいは意識できないから前意識また無意識であるわけで、我々は自分の言動の殆どは意識していないで自然体で行動していることになる。

したがって自己の行動が他者に与える影響、また他者の言動から受ける刺激に対して自分がどのような影響を受けるのかについての正確な理解は、意識的部分のみならず、無意識的部分についての分析も必要になるのである。

このように考えた時、対外国との関係において日本及び日本人が過去に行ってきた行動についても再度検討する必要があり、我々が思わず知らず自然なものとして行動していることも、改めて考えて見ると不思議なことばかりであることに気付くのである。

例えば、２０１０（平成22）年９月、第94代日本国総理・菅直人氏は国連総会出席のためアメリカ合衆国を訪問した。その時、菅首相はアーリントン国立墓地に献花し参拝している。この場所は言うまでもなく戦死した米軍兵士のための国立墓地である。菅直人氏は立憲民主党に所属する国会議員であり、党是として靖国神社に参拝する歴代自民党政権を批判してきた人である。

日本国政府の名で強制的に徴兵され戦死した日本国民兵士を祀った靖国神社に自身参拝したこともなく、参拝反対を主張している人が、敵国兵士の国立墓地を参拝するとは、どのような考え方なのであろうか。

もし仮に、逆に米国大統領が、アーリントン国立墓地に参詣することを拒否し、かつ訪日の時に敵国兵士が眠る靖国神社に参詣したとしたら、おそらく米国軍軍人はもとより一般の米国民は黙っていないであろうし、高い確率で大統領弾劾の対象になるはずである。

何ゆえ、菅氏はこのようなダブルスタンダードとも取れる行動ができ、また周囲や一般国民及びマスコミも沈黙しているのであろう。誠に不思議なことである。

本章の冒頭にオランダ人評論家カウスブルック氏の文章を紹介した。オランダは日本に戦争中の出来事に対して謝罪を要求し、日本はすでに何回か謝罪しているのに、謝る振りをしているだけだとして、謝罪を受け入れていないという文意であった。

しかし、改めて考えてみたいのだが、日本はオランダに何についてどのような理由で謝罪しているのであろう。また、この時の「日本側の犯した罪」とはどのようなものだったのであろう。

1995（平成7）年8月、時の内閣総理大臣・村山富一氏は「戦後50周年の終戦記念日にあたって」と題する以下の談話を発表した。

「我が国は、遠くない過去の一時期、国策を誤り、戦争への道を歩んで国民を存亡の危機に陥れ、植民地支配と侵略によって、多くの国々、とりわけアジア諸国の人々に対して多大の損害と苦痛を与えました。私は、未来に過ち無からしめんとするが故に、疑うべくもないこの歴史の事実を謙虚に受け止め、ここに改めて痛切な反省の意を表し、心からのお詫びの気持ちを表明いたします。」

村山談話と称されるこの文言は、それ以降の歴代総理大臣が引用して繰り返し発表されているものであり、いわば日本国政府の太平洋戦争に対する事実上の公式見解となっている。

しかしながら、論理と歴史的事実とに基づいて比較検討した場合、上記の村山談話で述べられている事実認定には多くの誤りと問題点が含まれているとしか思えないのである。

例えば「戦争への道を歩んだ」事自体が断罪されるとしたら、祖国防衛戦争の様相が色濃い日露戦争を戦ったことも「国策を誤った」事になるのであろうか。

政治は結果責任を問われるものであるから、太平洋戦争については「国策を誤り、戦争への道を歩んで国民を存亡の危機に陥れ」というのは事実である。

その意味は、近代戦の準備・研究、外交、情報戦、戦時体制も不十分なまま、国軍将兵と非戦闘員である国民にまで悲惨な体験をさせ、かつ結果として敗戦をもたらした、「あのような戦争」の指導者と政治家の責任は問われるべきであるが、一概に「戦争」そのものが国策として誤りなのではない。

それは近代の国民国家においても政治判断の一つとしての戦争は、無法行為ではなく「戦争法という国際法に基づく合法的外交手段」であるからである。

その意味で、歴代の内閣および国民の代表としての国会は、「国軍の将兵と国民にあのような惨禍をもたらした戦争」の指導者と政治家を処断したのであろうか。

例えば歴代米国大統領や米国防長官が国軍の参謀総長や高級指揮官を罷免した例は、有名な1951年のHarry Truman大統領がDouglas MacArther国連軍司令官を罷免した例のみならず多数存在する。（注6）

しかしながら、我国では無謀なインパール作戦を強行した司令官・牟田口廉也中将や越権行為や不法行為を重ねた辻政信大佐参謀や、ミッドウエイの敗戦をもたらした山本五十六大将及びその幕僚等、責任を追及されるべき指揮官及び大本営が戦中のみならず戦後もなんらの処分も受けていない。

また村山談話では「多くの国々とりわけアジア諸国に植民地支配と侵略により、多大の損害と苦痛を与えた」としているが、当時のアジアに満州国とタイ王国以外に「国家」が存在していたのであろうか。

中国は内戦状態で政府は存在せず、日本は米英独が直接支援していた蒋介石軍と戦闘中ではあったが中国共産軍とは戦争していない。他のアジア地域は全て欧米列強の植民地であったはずである。つまりカンボジア、ベトナム、ラオスはフランス領（フランス領インドシナ＝仏印）、インドネシアはオランダ領、ビルマ及びマラヤ（マレー）はイギリス領、フィリピンはアメリカ領である。

また日本軍の仏印進駐はフランス政府の、国内通行はタイ国政府のそれぞれ了承のもとの行動であって侵略とは言えないし、日本軍の侵攻は全てアジアの欧米植民地に対して行われたものであって「アジア諸国」に対して行われたものではない。

また日本には台湾、朝鮮、南洋諸島の統治領があったが、これらの統治方法は、欧米諸国が行っていたプランテーションの強制栽培による収奪等は行われず所謂「植民地統治」とは全く異なるものであった。特に朝鮮は日本との合併であり植民地ではない。もし強引に朝鮮を植民地と呼ぶのなら、大英帝国のアイルランド、スコットランドも合併国ではなく植民地になるはずである。

日本軍は「植民地駐屯の欧米軍」と戦ったのであり、「アジア諸国軍」と戦った事実は皆無である。したがって「アジア諸国に植民地支配と侵略により、多大の損害と苦痛を与えた」のはまさに欧米諸国であって、日本ではないのは歴史上あまりにも明白な事実である。

欧米諸国の言う「日本の罪」

それゆえに前述したオランダ人・カウスブルック氏は以下のように述べている。

オランダ人から見れば、西洋の国を東洋の国が攻撃するとは身分不相応のことであり、そのうえ負けることを知らないとはなんという礼儀知らずで謙譲の美徳の無さよ、と見なされたと言う。

日本に攻撃されたのはオランダ人であるが、彼らは本国にいたのではなく、戦争の舞台となったインドネシアに武力侵入して植民地化し、軍事支配の上にあぐらをかいていたのである。こうした事情のために東インドのオランダ人の「犠牲者という身分」を証明するのは容易ではなかった。彼らの戦後の歩みは自己の潔白を装った姿での「完璧な犠牲者という身分」にしがみつくための戦いであった。（注7）

このような明確な事実認識は一人、カウスブルック氏だけではない。

国籍は違えど植民地宗主国の本家とも言えるイギリス人のザ・タイムズ東京支局長H・S・ストークス氏もまったく同じ意見を述べている。

日本がアジア植民地を侵略したのは、悪いことだったろうか。侵略が悪いことなら世界史でアジア、アフリカ、オーストラリア、北米、南米を侵略してきたのは、西洋諸国だ。しかし今日まで西洋諸国がそうした侵略を謝罪したことはない。どうして日本だけが欧米の植民地を侵略したことを謝罪しなければならないのか。

それは侵略戦争が悪いからではなく「有色人種が、白人様の領地を侵略した」からだった。白人が有色人種を侵略するのは「文明化」で、劣っている有色人種が白人を侵略するのが「犯罪」であり、神の意志に逆らう「罪」である、と正当化して日本を

裁いたのが東京裁判だった。（注８）

傍証がある。マレーシア国民大学・アブダル・ハリム教授の発言は以下の通りである。

近代の日本は、東南アジアの人々にとって「三つの良いこと」をした。第一に、大東亜戦争を戦い西欧の植民地支配者を追い出すとともに、独立の気概をこの地域の人々に与えた。第二に、日本は戦争に負けることによって、この地域の人々が自らの力で独立を勝ち取る条件を作った。日本の軍政下で与えられた独立よりも自ら勝ち取った独立の方が何倍も素晴らしいからだ。第三に、一度完全に叩き潰された日本が、戦後不死鳥のように蘇り、アジアの国々の経済発展のモデルになった。（注９）

またインドネシア郷土防衛義勇軍の元中将ケマル・イドリス氏は次のように語っている。

日本が敵前上陸してきた時、私たちは心から喜んで日本軍を迎え入れた。日本は非常に短い時間でオランダ軍を降伏させた。私はタンゲラン青年道場に入って非常に厳しい訓練を受けた。それは酷とも言える訓練だったが、私はそれを喜んで受け入れた。しばらく訓練を受けているうちに、これはオランダと戦う役に立つということに気づいたからだ。今でも日本に感謝の念を持っている。（注９）

このように植民地宗主国の本国人、及びかつて彼らの植民地だった人々が異口同音に真実を述べているにもかかわらず、なにゆえ肝心の当事者である日本の政治家が、歴史的事実と異なる言動をし続けているのであろうか。実に不思議なことである。

また日本は欧米諸国側に謝罪した事になっているが、上記に示したようなたとえばカウスブルック氏やストークス氏が述べたような「黄色人種である日本人が白人様の持ちものである植民地を侵害したことが犯罪である事を認めて」謝罪したのであろうか。

おそらく大多数の日本人は、そのような意味で謝罪したつもりではないのではないかと想像出来る。まさに村山談話が述べているように「国策を誤り、戦争への道を歩んだ」事自体を謝罪しているつもりなのだと推察される。

それはちょうど、日本人同士がすれ違いざまに肩がぶつかって「あ、これは申し訳ありません」「いえいえ、こちらこそご迷惑おかけしました」と相互にお互い様ですからと謝罪し合うようなつもりなのであろう。

以上のように一般的な日本人の感覚は、国内における日本人同士の世界観から今なお抜け出ていないと推察できるのである。

第2部　「韓国人」とは何者か

第5章　新しい評価基準で観る韓国

「ヒトの発達段階論」による評価

「人間は10ヶ月の月満ちて、未熟児で生まれる」と述べたのはスイスの生物学者A・ポルトマン（A. Portmann）である。他の動物とは異なりヒトの幼児は現状よりも更に一年母胎内にいるべきなのに10ヶ月という未熟児の状態で生まれてくると言う彼の学説は、「生理的早産説」として名高い。

また、オランダの動物学者L・ボルク（L. Bolk）は、成人としてのヒトは類人猿胎児とは系統発生学的に類似であり、ヒトはチンパンジーの「幼形成熟（ネオテニー／Neoteny）」であるとの学説「胎児化説」を主張した。

これらの学説を統合すると、ヒトの幼児は母親の骨盤開口部の限界もあって、大脳皮質が異様な発達をする「幼形成熟」に合わせた結果として、「生理的早産」へと進化したと考えることができる。いずれにせよ、このようなわけで、ヒトは他の動物とは明確に異なり、ほぼ完全に無力・無能な存在として生まれてくるので、自分だけの力で生きていけるようになるまで、長い年月にわたって親の保護下で成長するより他に道はない。

ヒトの幼児は他の霊長類と同程度に生後1年間だけ直線的に成長するが、その後は緩やかな成長曲線となり、その間に大脳の発達に合わせて二足歩行や言語を習得しながら社会環境の中で育てられつつ成長してゆく。

このような幼児の知覚、記憶力、推理力、言語能力などの認知能力の成長の順序は、当然のことながら個体差はあるが、普遍的な順序で段階的に身につけてゆくことを示したのはスイスの心理学者Ｊ・ピアジェ（J. Piaget）である。

そして、幼児のこれら発達段階におけるそれぞれの時期は、かけがえのないもので発達段階の一つ一つが完結した価値を持つものであり、単に幼児が大人になるための時間的通過期間ではないことが言われている。

したがって、その子のそれぞれの発達段階に合わせた適切な保育が必要であり、行き過ぎがあると消化しきれず逆戻り（退行）してしまうことや、不満や未消化によって幼い段階を卒業できなくなる（固着）現象が発育上の課題として知られている。

ヒトは白紙（タブラ・ラサ／Tabra rasa）の状態で生まれる、とはよく言われることである。例えば韓国人同士の両親から生まれた乳児も、日本で日本人が育てれば

「日本人」になり、逆に日本人同士の両親から生まれた乳児も、韓国で韓国人が育てれば「韓国人」になってしまうということである。

誕生したばかりの乳児が、どのような環境、つまり物理的、文化的、人的な環境のもとで成人したか、という養育環境条件は、国籍や民族を超えた重要な要素であり、ヒトの成長にはヒトであるが故の普遍的な成長順序があることが分かっている。

例えば米国の医学者O・カーンバーグ（O. Kernberg）は、生まれたての乳児が一人の自我を持つヒトとしてどのように精神的発達をとげるかを明確化した「ヒトの精神発達モデル」を提唱した。

またこの学説（分離・固体化理論／Separation-Individuation Theory）は、ハンガリーの女性医学者M・マーラー（M. Mahler）の観察データと臨床研究によって補強されており、現在の精神医学の基礎的理論として国際標準化されている。ここでいう「発達」とは、全く無能な状態で生まれた乳児が、自分というものを意識できて、外界つまり社会的、人的環境に適応して生きていける状態にまで成長することを意味している。

ヒトの「発達の5段階」

この発達モデルでは生誕から自我の統合がなされるまでの期間が発達の質的変化ごとに以下の5段階に分かれている。そしてこの5段階を通しての発達「課題」は二つあり、一つは、「自己と他者の精神的な明確化」であり、もう一つは、「原始的防衛機制である分裂（スプリッティング）の克服」である。もし仮にこの課題の未達成あるいは失敗が起こると不可逆的な障害となり、将来人格上の問題が生じるとした。

段階１：（0〜1カ月）健全な自閉。
段階２：（2〜（6〜8）カ月）健全な共生関係。
段階３：（（6〜8）〜（18〜36）カ月）自他の区別。
段階４：（36カ月以上）自己像と対象像の統合。
段階５：人格構造の完成。

特に、段階３の時期については、母子一体の状態から幼児が独り立ちする時期にあたり、この時期をマーラーは更に４期に細分化してこのうちの第３期を「再接近期（Re-Approaching Period）」と名付けて重要視した。それは、この時期に母親が幼児の分離・独立行動を愛情をもって支援しておかないと、不可逆的な障害が幼児の側に生じ、その後、自他ともに苦しむことになるからである。

これらの発達モデルや理論は、国籍や民族、文化圏に関係なく、ヒト全てに適用される生物学的あるいは医学的知見と見なされている学説であり、「精神疾患の診断・統計マニュアルＤＳＭ-iv」(Diagnostic and Statistical Manual of Mental Disorder, 4th editon) で現在世界各国で使用されている医学基準であることに注意する必要がある。

つまり、人間が一人の人格をもった人として自他を共に認め合い、また社会的、人的環境に適応してゆく様式の中にも、普遍的な論理があり、評価方法が確立しているのであり、「日本流」あるいは「韓国流」という名で呼ぶ必要は何もないのである。

韓国人が「これは韓国流の文化に属する習俗風習だから、文化の対等性により価値観の違いであり、批評すべきではない」と主張したとしても、医学的知見の前では意味のないことである。

「距離感ゼロの間柄こそ親しい友達だという『韓国流』の意識がある」「異文化コミュニケーションとしては、どちらがより未来的かというように問題を立てることはできる」と呉善花氏は述べた。

しかしながらそのような問題の立て方をしている限り、問題の解決は難しいのであり、人類共通の「ヒトとしての成熟過程」から見て、どのように解釈すべきか、という医学的知見から考えれば回答は明らかに見えてくるのである。

呉善花氏の日本滞在中最大の悩み

第１章で紹介した拓殖大学教授・呉善花氏が自著『スカートの風』を出版したのは来日７年目の１９８８年、シリーズ３冊目『新・スカートの風』を出版したのは来日９年目の１９９２年36歳のときである。

９年の長きにわたって日本に在留し、学業と日本人および韓国人との間を仲介するビジネスに努めてきた呉氏ご自身にはいかなる変化が生じたのであろうか。

参考になる一つの例がある。これは他の人の場合であるが、日本滞在５年目と８年目の20～30代の二人の独身ロシア人女性が、自分たちが日本に在留していて母国・ロシアにいた時とどのように変わったかを日本語で話し合うというYouTube動画であるが、大変興味深かった。（注１）

この動画の中のロシア人女性たちの話によると、「年月が経って大人になった分を差し引いても、自分たちは変わったと思う。まずは、優しくなった。母国にいると家の外では、戦いに臨むかのような気持ちでいつも自己主張していなければならないのに日本ではそんな必要がなく、周囲は安全でかつ丁寧な人ばかりなので、自分もとても優しくのんびりしていられる。

また日本人は人の意見をよく聞いてくれて、いちいち反論したりすることがないので論争にならず、自分の意見を率直に言えるようになった。また後になって自分の意見の間違いに気づいた時、謝まることができるようになった。母国では謝ると負けみたいな感覚があり一旦言い出したらたとえ後から間違いと気づいても、それを認めたり謝まることはしないで通すことが多かった。

また日本では相手を思いやる気持ちが生まれて、「このようなことを今言ったら、相手はどう思うか」と考え、余計なことは言わずにすむようになった。母国では後先考えず、相手に言ってから考えた。言わば母国にいた時よりも「大人」になったと思う」、と述べていたのが印象的だった。

なるほどと思い、呉善花氏も長い日本在留期間を通してほぼ同じような体験をしたのではないかと、想像している。

呉善花氏は自著の中で、日本滞在中最も辛かったことについて以下のように述べている。

「日本にいて私がもっとも辛かったのは、友達関係のあり方の違いだった。私は学校に行くのが苦痛になるほど落ち込んで、こんな窮屈な日本にはもういられない、一刻もはやく帰ろうと何度も思ったことがある」

「そんなふうに思うのも距離感覚ゼロの間柄こそ親しい友達だという『韓国流』の意識があるからだ。ただ、これについては『日本流』がわかり、それなりに納得できてからも、問題は容易に解消することはない。いくら『日本ではこうだ』と思っても、べっとりと友達の心に張りつけない寂しさが残るからである」

「日本では『親しき仲にも礼儀あり』を重んじるが、韓国では逆に『親しき仲には礼儀なし』を重んじる。韓国では、仲のいい間柄には距離があってはいけない、それはとても失礼なことなのだ。私の物はあなたの物、あなたの物は私の物、そうしてこそ本当に親密な関係といえるのである」

「ここに一人、日本人と仲良くなりたいと願っている韓国人がいるとしよう。そこでまず（その韓国人は）、韓国式の『仲良しになる方法』をぶっつけることになる。いわば、なれなれしい態度をとろうとするのだが、そうすると日本人はサッと身をかわすのである。そしてその韓国人に一定の距離を置くようになる。そこでその韓国人は『やはり日本人は私たちを差別しているのだ』と思うのである。これが韓国人が感じる『日本人の韓国人差別』の誤解の構造だと言っていいだろう」（注２）

「(多くの日本人は)心の苦しみは一人で解決し、他人に話す場合にはその間に距離を置くことになってしまう、と答えるのだった。私は呆気にとられてしまった。確かに、韓国人のように、すぐに相手に自分の悩みを話し、人に頼ることは甘え過ぎだと言えるかもしれない。でも、と思う。どうして人はそんなにも強くなれるものなのか、それがいまだによく分からない」(注3)

上記(注3)『続・スカートの風』が発刊されたのは、呉善花氏が日本滞在8年目、1991年、35歳頃のものであるから、呉氏の現在の心境を記したものではないが、ここには日本人と韓国人との間に起こる典型的な、人間関係に関する認識のズレの問題が記されている。

この問題はいわば古くて新しい問題でもあり、韓国人日本留学生または日本人韓国留学生が感じる、一番の生理的違和感として報告されることが珍しくない。例えば韓国に留学した日本人学生が、友人になった韓国人学生から衣類や靴、下着ですら無断で使われるという経験をして生理的違和感を訴える体験談が多くある。

しかしながらこの問題は日韓問題に関わる専門家の間では「典型的な異文化の問題で、それぞれの国の風習・習慣の違いである」とされ、それがゆえに「どちらが良い、悪いとも言えず、しようがない」と片付けられてきたのが通例であったのだと思われる。

そのせいであろうか、この「異文化の違い」問題を論理的に説明している論説を私はいまだに見たことがないのである。

「ひとりでいられる能力」ということ

実はこの問題は、呉善花氏が述べているような「『韓国流』『日本流』の文化・習慣の違い」としてではなく、「他者への接し方と、それを決める『自我のありかた』の違い」、つまり、医学的な「自我境界（Ego Boundary）」の問題と捉え直した時に、はじめて新しい解釈が成り立つのである。

イギリスの医学者Ｄ・ウィニコット（D. Winnicott）が提唱した「ひとりでいられる能力（The capacity to be alone）」という概念がある。

この言葉はしばしば、「ひとりぼっちでも、不安なく、長時間にわたって一人でいられる事」と誤解されることが多いのであるが、本当の意味は、そうではない。

この能力は、「自我機能の安定」、「自我の情緒的成熟さ」とも関連していることであるが、「誰か他の人と一緒にいたとしても、自立性を失う不安や、他者の意向を気にすることなく、物理的あるいは心理的に他者の存在を意識しない状態、他者への囚われから自由である状態でいられる」さらには「自分自身の『個』を感じながらも、それとともに生きていく能力、アンビヴァレントに耐えながら自分の悩みを自分で悩める能力、自分らしい生き方を体現してゆく力」という定義の仕方もある概念である。（注4）

ひとりの人間が他者とどう接するかという行動様式は、基本的にはその人の幼い頃の母子関係によって身につけたものである、と言われている。

母親が「ほどよい母親（Good enough mother）」であれば、適切な心身のへの環境を整えてもらえるので、幼児は母親に依存しつつ、母親から離れた現実への冒険を始め、幼児は母親とは違う一人の人間として母親から安心して分離して、自分の心の中に救助者としての母親を内在化できて、はじめて自分という境界（自我境界）を作ることができるのである。

他方、建前と本音が違う親や、病的な心理構造を抱えている親の場合には、幼児は親の本音がわからず、あるいはむしろ問題があるのは自分のせいだ自分が悪いとする自責念慮を感じて、親に共感しようとして一体化を図ろうとする。

また過干渉、過保護の親の場合には、幼児は親の感情に飲み込まれて親と同じになり、自分を育てられなくなってしまう場合には、共に幼児にとっては自分と他人の間に持つべき「自我境界（Ego boundary）」が育たず、成熟した自我機能を持てなくなってしまう、と言われている。

「自我機能の脆弱さ」が「韓国流」を生む

幼児にとって厳しい養育環境がある多くの場合には、その母親の自我構造自体に問題があり、幼児が母親から離れて独り立ちしようとすると、母親自身が幼児から「見捨てられた」と感じて、幼児に対する愛情を撤去してしまう事が知られている。

この場合には幼児が自立を諦めて母親に依存的に近寄ると、母親は再び幼児に愛情を供給するという態度をとるといわれている。

この、母親からの愛情を撤去する場合、と愛情を供給する場合、の二種類の対人関係様式を体験した幼児にとっては、「自立すること」は即ち愛情撤去される「悪い自分」と、「依存的幼児化」即ち愛情供給される「良い自分」、というそれぞれ「二つの自分」が自分の人格の中に統合されずに成長することになる。

このような、「自立＝愛情撤去＝悪い自分＝見捨てられる」という「悪いセット部分」と、「幼児的依存＝愛情供給＝良い自分＝自立不可」という「良いセット部分」の二つのセット部分に心が分離した状態は、「自我の分裂（Splitting）」と呼ばれている。

この状態は、人間が自分を取り巻く環境条件に合わせて自分を守ろうと行動するときにとる防衛行動のうち、幼児化した原初的な「原始的防衛機制（Primary defense mechanism）」に分類される、病的問題行動である。

この状態にあっては、自分を「よい自分」として守るために幼児的依存行動をとり、「悪い自分」を自分から切り離して、「自立する＝悪い自分」を相手のものだと決めつけてしまうような人間関係を取りがちになるのである。

つまり、このような対人関係における心のあり方では、自分以外の他者との境界意識が適切に働かず、「よい自分＝愛情供給＝幼児的依存」という「良いセット部分」だけが働くことになるのである。これが「韓国式」と呉善花氏の言う「べったりと友達の心に貼り付けない寂しさ」が生じる原因であると推察される。

「韓国式」と呉氏がいう対人関係様式は、国際的な医学基準では「病的問題行動」と分類され、その発生機序の理論化もされているものであり、「韓国式」や「日本式」等と彼女がいう「文化様式の違い」などではない。

呉氏がいう「日本式」では、韓国人にとっては「相互に自立した」場合になり、「自立＝愛情撤去＝悪い自分」のセット部分が働くので、相手から見捨てられ、自分は苦しむであろう恐怖を想像してしまうのである。

つまり、ここには幼児期における、分離・自立と心身の統合の失敗体験に起源がある精神的苦痛という「症状」が現れていることになる。またこの「症状」は２～３歳頃のまだ言葉が発達していない情緒的恐怖体験に起源があるため、言葉や知識で説明してもなかなか補正・修正が難しいことが医学的に知られているのである。

「人間によって受けた傷は、人間によってのみ癒される」という治療原則があるが、このような幼児期の情緒体験は、同じように基本的信頼感を情緒的追体験するしか根本的な解決は難しいであろうことが医学的に予測される。

したがって、「どうして人はそんなにも強くなれるものなのか」と述べた、呉氏の疑問あるいは嘆きはもっともなことでもある。

このような不適切な環境での生育歴をもつ人は、自分が支配的な母親に束縛され逃げられなかったゆえに、またそれ以外の体験をもてずにきたので、とりわけ親しい他者との関係において、「相手が自立している姿」は即、自分が見捨てられる恐怖を呼び覚ますことになるので、相手との分離を拒否し、さまざまな手段を通して相手を縛りつけようとすることが多いことが症例として知られている。

本人の意識の中では、この「見捨てられ感情」を自己の中だけでは抱えておけず、

「見捨てられる」からには自分は「悪い人間」なのだという感覚に苦しめられるので、この苦しみから逃れるために、自傷行為やさまざまな問題行動をとる場合もある。したがって医学書には、この問題については、以下のように記載されている。

「自我が未熟つまり脆弱であるから、分裂機制に頼るという面もあるが、分裂主導型の防衛体制そのものが、内的衝動の高まりや外界からのストレスに対して弱い人格を作っていると、アメリカの医学者O・カーンバーグ（O. Kernberg）は言うのである。（注5）

自分の内界と外界を正しく区別して、主観的に自己と感じられる「自我の強さ」は、現実直視力、統合力、自我同一性、自己防衛、等々さまざまな機能の総合力として現れる。したがって、呉善花氏が述べた対人関係のありかたの問題は、呉氏がいう「韓国流」「日本流」という特定の文化圏における礼儀やマナーの問題ではなく、万国共通のいわば「症状行動（Symptomatic action）」の一つと理解すべきなのである。

「分裂（スプリット／Splitting）」した韓国人。

すでに前節において、日本人と韓国人の認識の違いについて理解および評価するためには、比較文化論的な方法を取ることは問題であり、むしろ世界的に標準化されている医学基準で客観的、普遍的な眼でみると、論理や背景がわかるので、理論的に説明あるいは評価がしやすくなる、と述べた。

そして、具体的には「ヒトの発達段階論」の中で、アメリカの医学者Ｏ・カーンバーグ（O. Kernberg）が提唱した「ヒトの精神発達モデル」の５段階を示し、この５段階を踏んで行く幼児にとっての成長課題の一つが、「原始的防衛機制の一つである分裂（スプリッティング）の克服」であること、を指摘した。

またこの５段階のうちの第３段階は、生後（6～8）～（18～36））カ月にあたり、この時期の第３／４期はマーラーによって「再接近期」と命名され幼児が母親から自立できるかどうかの重要時期であり、この時期の成長の失敗は幼児に重大な障害を残してしまう可能性があることを、述べた。

韓国社会に伝統的に色濃く残る女性蔑視および女性の人権を重視しない習俗は、結局は母親の子供への養育方法にも重大な影響を与えているのである。韓国社会が韓国人一人一人が独立した個人として自由に言動することを忌避するように、母親もまた自分の子供が母親とは異なる自由な個人として成長することを嫌うのである。

韓国人の母親は自分に依存的な状態の子供には愛情を注ぎ、自由になろうとする時の子供には愛情を拒否する態度をあからさまにして子供をいつまでも「幼児扱い」してしまう。

これは、母親自身が親から見捨てられる恐怖体験を克服していないからだと理論的には言われている。したがって子供はこの自立訓練期を乗り越えられず、精神的に独立した別の人格をもつ人間として成長できなくなってしまう。

幼児は肉体的には成長してゆくが、精神的には第3段階に幼いままの傷が残る。なぜならば、ちょうどこの時期こそ、物事を白と黒に二分するような捉え方をする「分裂（スプリッティング）」を脱して統合化するものの見方の体験訓練時期であるからである。

結果的に、この幼児はカーンバーグが言う成長課題、「原始的防衛機制の一つである分裂（スプリッティング）の克服」が出来ずに心理的には深手を負ったまま、その一方、肉体的には健康そうに成長してゆくことになる。

したがってこの幼児が大人になってからでも、このような相反する条件や状態を統合してみる必要が生じた場面にぶつかると、統合できずに「分裂（スプリッティング）」した状態のものとして認識してしまうことになるのであり、この状態を医学的には「再接近期の失敗」と呼ぶのである。

この「分裂・スプリッティング」は、「原始的防衛機制（Primitive defense

mechanism)」の一つである分裂（スプリッティング／Splitting）と定義されている。

つまり、肉体的には大人でありながら、自分が精神的に崩れるのを防ぐために、肉体年齢には似つかわしくない、極めて幼児的なあるいは病的・原始的な自我防衛方法を取っているという意味である。

韓国人の自我機能は弱体化した

人間は自分の精神的安定、自我の安定を図るために健康な人でも色々な方法を使い、これらを防衛機制と呼ぶ。ただし、この「原始的防衛機制（Primary Defense System）」は例えば典型的には「分裂（Splitting）」「投射性同一視（Projective Identification）」「否認（Denial）」「価値切り下げ（Devalueation）」等の幼児的、病的な防衛方法といわれ、これを使っていると自我機能を弱めてしまうと言われている。

医学的には多くの場合は逆に、自我機能が脆弱なので幼児的なこの「原始的防衛機制」にすがっていると解釈される事例が多いのである。

この場合、「分裂／スプリッティング」では、例えば自分の中の長所や欠点について考える時、自分の欠点は決して認めず、長所しか見ないということが起こる。なぜならば統合機能が発達していないので、少しでも欠点を認めると自分の価値が零になり無価値なものになってしまうと考えてしまう偏った価値観しかないからである。

逆に言えば、幼児期に母親から離れて十分に自己を発揮し、またそのような自分のあり方を母親から愛情をもって支えられて強い自我を育てられた幼児は、精神的な安定をはかるためにこのような「原始的な防衛方法」に頼る必要がないということである。

人間は完全ではなく長所も欠点もあり、しかし欠点を含めても充分良いところがあり生きるに価するというような統合された安心した精神性を持てずにいるのである。

またこのような原始的防衛機制を使う場合は他の幼い方法も併用することが多い。

たとえば「投射性同一視（Projective identification）」では、自分の醜い点や自分の認めたくない部分を切り離し、そっくり相手にプロジェクターで映すように投影して、「これは相手のものだ、自分のものではない」と処理してしまう方法である。

また「否認（Denial）」では、自分に関することでも汚いもの、自分の価値を下げるようなものは、客観的事実であっても見ようとせず、事実を決して認めないことにより自分の精神を安定させようとする行為である。

そして論理的に考えた場合、韓国人がこのような原始的規制にすがる理由には母子関係に由来する、幼児期の傷以外にもう一つ根本的理由があるのではないかと推察する。

前節「呉善花氏の苦しみ」で述べたことであるが、イギリスの医学者Ｄ・ウィニコット（D. Winnicott）のいう、「偽りの自己（False self）」を作り環境に反応せざるを得なかった、ということについてである。もちろん、「ほどよい母親（Good enough mother）」という養育環境になかったということが直接の原因であろうが、基本的にさらに大きな要素が影響していると思われる。

韓国人留学生の悩み

例えば以下のような事例がある。

この話は、ソウル大学国史学科のホームページに掲載された５つの韓国人留学生の事例のうちの典型的な一つであるという。

ある韓国人留学生がアメリカの大学で東洋史の授業を受け、韓国の歴史は誇張されていると述べた教授に反論したが教授は、「やはり、韓国政府が歴史を誇張していると思う」と教授の意見は変わらなかった、という。

「授業を終えた時、私の中に残ったのは怒りと恥ずかしさでした。日本のあらゆるものを無批判に受け入れる、そうした偏向した内容の論文で博士号をとった白人教授に対する憤り。自国の歴史に精通しておらず、アメリカの大学の授業で正しく自分の国を弁護できない自分自身に対する恥ずかしさ。ひとつだけ確かなことは、私は典型的な韓国人であるということです。平凡なある意味では客観性をもった中立的立場（Neutral position）を保とうとする、開かれた心の持ち主を自負してきたひとりの人間なのです」

と記載されているという。この話を記載した、ソウル大出身で豪州生活が長かった韓国人評論家・金完燮氏は自著の中で次のように記述している。

「この留学生が下したいくつかの判断は完全に誤っている。彼はアメリカの学者が韓国の歴史を誤解していて、歴史を歪曲していると憤慨する。だが実際は外国人学者あるいは日本の学者の視点が正しいのであり、韓国の政府と学者のほうが歴史をいちじるしく歪曲しているのだ。ここに問題の深刻さがある」（注6）

まさに「ここに問題の深刻さがある」のである。この韓国人留学生は、まず、自分自身を全く客観視できていない。自分が自国の歴史に精通していないと自覚しているのに、なにゆえ、一方の（韓国側）主張のみを「信じて」しまうのであろうか。

通常であれば、双方の主張を比較検討してからより正確な情報であるかどうかを判断するものであろう。まして大学で学ぶ学生であれば、まず知識の量を増やすのではなく、「学問」をする態度と方法を身につけなければならないはずである。つまり学説は仮説としてひとまず捉え、関連情報を集めて比較検討し、一次情報にまでさかのぼって検証するという手法であり、権威者が言うからということで簡単に信じるのは、「信仰」であって「学問」ではないからである。

この点ひとつとってみても、いかに本当の自分というものがなく、周囲にただ反射的に「偏向した内容を、ただ無批判に受け入れ」合わせてきた自分「偽りの自己」しかないのかが現れている。ソウル大学といえば韓国最高学府として知られているはずであるが、ひょっとしたら「韓国の学問の流儀」とはそのようなものであり、その流儀を身につけたからこそ、このような学生が生まれるのかもしれない。

また、この韓国人留学生はアメリカ人学者を「無批判に受け入れる、偏向した内容」と憤慨しているが、実はその批判はそっくり自分自身の姿であるから、自分の欠点を切り離した「分裂（Splitting）」機制を働かせ、次にその切り離した自分の欠点を相手に投げ込む、典型的な「投射性同一視（Projective Identification）」が起きていることが読み取れるのである。

これらの反応は、すべて、その韓国人留学生の無意識の反応であり、学生は自分で意識的に行動したものではない。

この学生は「典型的な韓国人」だと自分を規定している。ということは、自国の歴史や自分に関することで、恥ずかしいことに直面したような自我が脅かされる場面では、韓国人の自我は不安定になり、たちまち精神的に「退行（Progress）」して幼児的な「原始的防衛機制（Primitive defense mechanism）」にすがるようになるということがわかるのである。

ひとつの救いはこの学生が内心感じた「怒りと恥ずかしさ」である。この感情こそが、この学生の「真実の自己（True ego）」がまだ残っていて、その萌芽であることが推測されることである。

「分裂（スプリット／Splitting）」した韓国社会

韓国人のものの見方、価値観には一つの対象を統合化せずに二つの異なる両端においたままの、いわば「分裂（Splitting）」状態になっている分野が極めて多く、それがそのまま韓国社会における標準的な判断基準となっているように思える。

例えば人間集団を、支配する側と支配される側に分断し、支配する側に全権を委ね、支配される側には何らの権利を与えないような、「オールオアナッシング（All or

Nothing)」の対置のしかたである。

このような価値観だと例えば、一つの企業にあって、経営者側が王侯貴族のごとく全権を持ち、一般社員は被支配者であり、権利は何もないという状態になってしまう。この考えだと、企業にあって、役職は組織の中の役割の違いに過ぎず、人間としては同価であり、一般社員にも労働者としての誇りがある等というような総合化された価値観は通用しなくなるはずである。

これが極端にまでなると、一人の人間の中に美点と欠点が必ずあるという現実を認めず、自己の中にある欠点だけは決して認めないことによって自分を守るという、もののの見方になってしまう。このような、物事や自他を正反対の二つの見方に分断して片づけて自分を守る状態を精神医学の分野では、「分裂（スプリッティング／Splitting)」と定義する。

このように見たときに、この「分裂」が韓国社会の各分野で一般的に広く見られるのが、社会の特徴の一つとしてあげることができると思う。

知識人 対 庶民。経営者 対 一般社員。財閥 対 一般企業。首都圏 対 地方。地方 対 地方。男性 対 女性。老人 対 青少年。公 対 私。官僚 対 民。管理職 対 労働者。

具体的には、慶尚道（旧新羅）出身者の全羅道（旧百済）、済州島出身者の差別。

本国韓国人の在日、在中国韓国人への差別。財閥企業・管理職の下請け町工場労働者への差別。異様な学歴崇拝（大学卒業者を尊重）癖。職業の貴賤（誇らしい職業と恥ずかしい職業）意識。等、両極端な意識があり、同じ人間として相手の存在を尊重しない、等々韓国社会における多くの分野で価値の「分裂（スプリッティング）」が起きていると見なすことができるのである。

第６章　韓国人とは何者か

李氏朝鮮時代の影響

歴史的に見たとき、１２０年少し前まで韓国は李氏朝鮮の時代で、この古代専制王朝時代は約５００年以上続いていたのである。およそ15世代に渡って社会制度として生活の中で常住坐臥の中で繰り返された習俗、生活様式は恐らくは人々の無意識の中にまで取り込まれた、何の不思議もない常識的価値観として反射行動のレベルにまでなっていて、今なおその残滓が現代社会の中に価値観の基調部分として残っているのではないかと想像される。

李氏朝鮮の時代、一般の人々に「国民」や「民族」としての意識などはなく、すべての人民は王の被支配者に過ぎず、人民は良民と賎民に二分されていた。賎民とはもともとは百済滅亡時の百済の民が奴隷身分にされたもので、自国民を奴隷にした世界的にも珍しい且つ最も厳しい身分差別社会であったと言われる。

良民は貴族的高級官僚である文官と武官が「両班」、下級役人が「中人」、農、商、職人等が「常民」の三階級に分かれており。ほぼ世襲状態であった。李氏朝鮮中期、総人口は約700万人で、人口比で言えば「両班」は7・6%、「常民」は51%、「奴婢」は41・2%と言われるから、「両班」53万人に対して「奴隷」288万人が存在した専制王朝国家であった。

「両班」は科挙試験の合格者で、任官すると土地をあたえられ、徴税権、警察権、司法権をもつ地方官として派遣された任地を統括したが、納税免除、賦役免除のうえ、私税の徴収、田畑の強奪等々、私財蓄財のために常民は塗炭の苦しみであったと言われる。

「武班」は軍人であるが、勉学以外に身体を動かすことを厭うので、軍事調練や鍛錬は殆どしたことがなく、軍事力は極めて脆弱であったため、内乱などの鎮圧のため等でさえ宗主国（中国）の軍隊に頼らざるを得なかった。

王朝末期になると、国庫の赤字解消のため国王がこの「両班」身分を販売したため、中人や常民が争って買い求め1858年当時、人口の48・6%（340万人）にまで増えてしまったという。

英国の旅行家「イザベラ・バード」や「ダレ」の記録によると、古代朝鮮では、「両班」が何らかの官職に就くと親戚縁者全ての扶養義務が生じ、一族全員がこの行政官の元に押しかけ、徒食していたという。またこの官の下には平均４００人の部下がおり、税の取立てなどに当たっていたが給与はなく、費用は全て農民等から搾取したという。

「奴婢」は主人の所有物であり、女の婢は夫を持てず、婢から生まれた子供は「賎者随母法」により身分は「奴婢」で、主人の所有物であり転売された。奴婢の子供は代々奴婢身分のままだった。子供の身分は実母の出自身分に従い、父が両班でも母が常民なら子も常民であり、科挙試験の受験資格はなかった。

特に、全人口中最大多数を占める「常民」と「奴婢」には勉学権はなく学校もなくその殆どが文盲状態であったが、「両班」は文字、知識を独占して自分たちの身分を守るため、庶民の愚民化をむしろ求めたほどであった。

このように朝鮮社会は貴族の専制と愚民化された庶民の2重構造で、世襲身分の「分裂」した社会といってよかった。このような固定化された父系重視の古代専制制度のもとでは、個人は自分の身を守ることさえ困難であり、特に「奴婢」階級にあっては人権そのものが有りえず、母親は自分の子供を人間らしく守り育てることさえ困難であったであろうことは容易に想像できる。

このような、古代王朝国家では「公」「私」の意識はなく、男は皆、父系の系統に連なる「一族の中の誰」かの意識しかなく、女性は家系図の中に名前すら記録されない無名の存在であった。

官吏は朝鮮の首都圏からのみ選ばれ、北端、南端、特に済州島は流刑地であり、公然と地方差別を受けた。現代でも朝鮮半島南端の全羅道は旧百済であり、1998年に金大中氏が大統領になるまで公然と地方差別が続いたといわれている。

被虐待児としての韓国人

このような、人が生まれた時の身分で一生固定される、非人道的環境が500年間、約15世代にわたって繰り返し続いてきたら、社会のみならず個人にも何らかの影響なかったはずはない。なぜなら、このような社会環境は、現代の基準で言えば、人間の人格に最も悪影響のある「虐待（Abuse）」環境と認定されるからである。

したがって、当然のことながら、庶民や奴隷階級の人々の苛政から逃れ自由を求める要求は根強いものがあり、政争や戦乱等非常時の混乱に乗じて王宮や役所を襲って、身分帳を焼き捨てるとか、外国軍の来襲を前に貴族や地方官を生け捕りにして、外国軍に引き渡す事例などは珍しくなかったと言われる。

「文禄の役」の際、日本軍がソウルに入城する二日ほど前に、まず最初に景福宮や奴婢等の文書を保管していた掌隷院等が焼き討ちにされたのは、自由を求める人々によって襲撃の対象にされたからである。彼らには外国の侵攻よりも、自分たちの身分の解放のほうが先決であったのである。むしろ彼らは内紛や外部からの侵攻を利用しようとしていたと言える。倭寇の時も、文禄の役の時も、社会で最も虐げられた人々が常に嚮導役を果たしていた事実からも、それは言えるのである。（注１）

逆に、貴族支配階級であった両班には、「公」「国民」の意識は薄く、自分自身の特権階級利益を守ることを最重要視した。例えば、世宗大王が庶民階級に簡易体文字である「ハングル」を普及させようとしたとき、大反対したのは両班階級であった。

同様に朝鮮総督府が、朝鮮社会の身分制度を撤廃して戸籍制度や、学校制度により全国民に学習権を与えようとした時、最も強く反対運動を起こしたのはやはり両班階級であった。

両班達の反対理由とは、自分たちの階級的特権がなくなることへの不満であり、自分たちの子弟が庶民や奴婢達の子弟と共に学校に通学することへの不満であった。両班階級にしてみれば、識字や知識などは自分達だけのものであり、庶民は文盲、無知の方が統治しやすい存在であるとの意識があったからである。

李氏朝鮮が終わった後でも、日本の朝鮮統治に対して両班階級はしばしば反対運動を行い、逆に一方の庶民・奴婢階級は会員数38万人ともいわれる「一進会」など政治結社を作り、日本に協力して京義線鉄道の建設、日露戦争時の軍事物資の運搬、日韓併合の推進運動を展開した。

このように、朝鮮社会は支配階級の「両班」と大多数の被支配階級の庶民・奴婢階級とではあるべき国家像は全く正反対に「分裂（Splitting）」していたことがわかる。

つまり、李王朝下の朝鮮は高度に階層化され「臣」として官途に就くことのみを職業とする「両班」層とその他の「民」との格差は歴然としていた。このため日本が行おうとした朝鮮に住む人々すべてを一様に平等化しようという政策は、すべての両班層を敵に回すこととなった訳である。（注2）

このような、李氏朝鮮時代から続く、社会階層による意識の「分裂」状態は恐らくは現代社会にも深い影響を残しているのだと推察される。

韓国GDPの3／4を占めると言われる財閥企業と、その他の企業との差は、その強引さと独善的法治意識のなさとは経済分野から支配層に返り咲いた「両班」層を彷彿とさせる。

また、政治家、学会、知識人、マスコミ等の文人層は、歴史や教科書、世論、文教政策等の分野において歴史的事実や資料を捏造し、漢字教育を廃止させること等を通して、国民の文盲・無知化つまり、「庶民の愚民化」を図った旧時代の「文班」と同じ役割となっているのではないかと推論できるのである。

前節で紹介した共同通信の室谷克己氏は「夕刊フジ」紙上のコラム「実は差別だらけの韓国」の中で「韓国の財閥系大手の管理職は、現在の『両班』であり、町工場のブルーカラーの人々はひどく差別されている」と記述している。

またこれも前述した拓殖大の呉善花教授は、韓国人の文書読解力と思考力について次のように述べている。

「漢字排斥がもたらした最大の弊害は、韓国語は日本語と同じように概念語や専門用語の大部分が漢字語であるのに、漢字の知識に拠ってそれらの言葉を駆使することができなくなったところにある。そのため韓国人は抽象度の高い思考を苦手とするようになってしまった」「高度な精神性と抽象的な事物に関する語彙――倫理、哲学、芸術、科学――いってみれば文明語彙のほとんどが韓国の一般の人々はもちろんのこと、かなりのインテリにも正確に理解されないまま、しだいに遠く縁のないものとなって行かざるを得ないのである」（注3）

韓国は儒教国なのか？

韓国人と儒教との関係性について弁護士のケント・ギルバート氏は自著の中で以下のように述べている。

「朝鮮半島は昔から儒教の強い影響下にあるため、韓国人もやはり上下の秩序を重んじる国民性を持っています。」「儒教思想に基づく上下関係を絶対と考える韓国人にしてみれば、日本が自分たちの上を行くことは、とても受け入れがたい屈辱……まさに『対等』という概念が存在しない儒教思想の呪いです」（注4）

同様に呉善花教授は自著の中でこの問題について以下のように述べている。

「李朝の儒教受容の第一の特徴は、『李朝500年』の間、朱子学一尊を貫徹したことにあります。『李朝500年』の間に培われた儒教的な倫理・価値観は、ほぼそのまま温存され、戦後の韓国と北朝鮮へ引き継がれ現在に至っています。要するに韓国・北朝鮮は今なお李朝という亡霊の呪縛から自らを解き放つことができていない」（注5）

このように日韓関係に詳しい専門家である上記のお二人が揃って、「韓国は儒教に支配され蝕まれていて、現在なお半分古代に存在しているようなものだ。」との説を展開しているのには、私はいささか疑問に思うのである。

韓国は、本当に「儒教」に支配されたり蝕まれている歴史や現状があるのであろうか。そもそも「儒教に支配される」「儒教に蝕まれる」とはどういう状態を意味するのであろうか。言葉通りに想像すると、それはあたかも自分自身の判断力や能力が自己ではない他者に乗っ取られ自由がきかない、あるいはウイルスのような外からの侵入異物によって自己の心身が自己の意思では調整が取れない病的不都合な状態に陥っているというイメージではないか、と思われる。

しかしながら、事実は全く逆なのではないかと考えられる。

人類の歴史を事実に照らして冷静にみれば、どのような国家にも民族にも、その社会集団には特有の原始的習俗・習慣というものがア・プリオリ（a priori）にまず最初から、全く何の理由もなく存在しているのが普通である。さらにその後から、後世になってから自分たちの行動に適当な理屈が付けられたり、逆に自分たちが通常おこなっている行動を否定する概念めいたものが生まれるという順序になるはずである。

例えば、奴隷、去勢、刺青、纏足、食人、呪術、等々行動様式の風習は古来から存在したが、何かの思想、宗教、政治の要請や強要があったから行われてきたわけではない。

古代人が文字を持つ場合でも、エジプト人は象形文字を、フェニキュア人はアルファベトを、中国人は漢字を選んでいるが、それぞれの民族になんらかの思想や選択基準があって、その規範に沿って選んだわけではない。

また、例えば「手を洗う」という行為は、古代からずっと自然に存在し続けたが、「衛生観念」や「清潔」という思想と結びついたのは恐らく19世紀になってからのことであろう。

近代の西欧では理髪師が、ほとんどの外科手術の執刀者を兼ねていた。その頃、血と膿に覆われた仕事着で、手術用メスも使いまわしだったので、感染症による患者の死亡率は非常に高かったことが記録されている。「殺菌」という概念は１８４７年のゼンメルワイス、１８９０年代のＬ・パスツール（L. Pasteur）とＲ・コッホ（R. Koch）の登場まで待たなければならなかったのである。

また、人が人に普通に行っていた「野蛮」な西欧の習俗・習慣に対して「愛」を説くキリスト教が、戦乱や殺し合いが続く中東に「平和」を説くイスラム教が、身分制度が過酷であったインドには、「無差別」を説く仏教が、生まれている。

上智大学の故・渡部昇一教授はこの辺の事情を以下のように説明している。

「儒教にも国境を越える要素がありますが、それはシナの当時の状況として、徹底的に親孝行を説かなければならないものがあったはずです。これは推測ですが、子供が親を食べるということが普通に行われていたのではないかと思います。たびたび飢饉が起こったものだから親でも女房でも食べています。いくら何でも親はまずいのではないかというので『孝』という概念を強めたのではないかというのが、私の仮説です」（注6）

「矢島文夫：聖書が次の段階で、新約聖書が結局あれほど「隣人愛」を説くのは、やっぱり隣人愛がなかったからだと。

山本七平：それは言えるかもしれない。『申命記』でも貧しい者に対してどうこうすべきだという法律が一杯ある。あれは逆に読むと、相当人情がなかった世界だと。

矢島文夫：やっぱり言葉で言わないとやらない、というか」（注7）

相手を支配するための道具・儒教

儒教の祖とされる孔子の直弟子である孔子十哲の一人、「子路」は敵に捕まり殺され食用の塩辛漬にされている。それでも孔子は、儒教の中で「仁」を説いてはいるが、儒教の戒めとして残酷刑、食人、纏足、宦官、等の習俗・習慣を批判してはいない。

このように見てみると、儒教とは社会を構成する諸階層のうち、孔子自身が所属した「支配階級」の人々だけを想定した仲間内の礼法概念であり、広く人の道を説いている訳ではないことがわかる。

これは「人道（Humanity）」という概念が適用されたのは、対象が広く人類一般に対してでは決してなくて、「キリスト教信者だけ」もっと正確に言うと「白人でアングロサクソン人種で新教徒（WASP／White Anglo Saxson Puritan）」だけ、に適用される考え方だった、のと同様である。

むしろ、李氏朝鮮で、儒教を国教と定め国内に広めたのは、「弱者の理論武装による自己防衛」の手段としての要素が強かったのだと思われる。

李朝における支配階級とは国王一族と宮廷の官僚である科挙合格者「進士」、つまり文官中心であり、武官はその下にあったが、国軍とは名ばかりの弱体軍でほとんど実戦力はなかったと言われる。

つまり李氏朝鮮の支配層は、自身を含めて強力な武力装置は皆無であり、仮に国内外に強力な軍事勢力あるいは庶民や奴隷階層が集団で反乱を起こせば、対抗の術がない軍事的弱者に過ぎなくなるのである。

また漢字を扱い、古典に通じているからといって、人間的に優れている訳ではなく聖人であるはずもなく、単に出身親族の利益を図る文弱な一代表者にすぎないのである。したがって李氏朝鮮の支配階級はそのような自らの弱点を隠す意味でも、被支配層に対して「自分たちを敬い反乱を起こさせないようにするための教育思想」が必要になり「儒教」を被支配者層に徹底して強要し信じ込ませていった、というのが実態であろう。

このような、文弱である支配層の国内支配と自己防衛の手段として、国内にある貧弱な軍事・暴力組織を利用して、残酷刑をはじめ残虐な手法で絶対多数を占める被支配層を恐怖支配しなければならなかったことがわかる。

「呉虞は『喫人と礼経』という文章で、中国人は昔から礼経（儒教）を口では説きながらその口で人肉を食っていたのだ、その事実を証明しよう、という訳で古書の中からいくつも証拠を引用した。どうやら、中国人には、カニバリズムを罪悪ないしはタブーとみなす気持ちがそもそもなかったのではなかろうか。だから美食に飽満した貴顕にとって、人肉は彼を誘惑してやまぬ味覚の絶嶺だった。人肉は単なる『食糧』としてではなく、『料理』の一形態として登場することに注目されたい」（注8）

中国文化を専門とする北海道大学・中野美代子教授は上記のように指摘している。

ある民族の習俗・習慣や行動様式と、一見関係するかのように見え、彼らが自ら自分の言葉で語ったとしても、彼らの語る思想や経範と自らの行動とは、全く無関係であることがわかる。

例えば李氏朝鮮においては、「儒教」は自分以外の相手を納得させて自分に従属させるための自己防衛武器としての理屈であって、自己の行動や思想に影響を与える教範ではなく、全く自己を律する行動様式とは無関係のものである。

したがって、「韓国人は儒教に支配されて」、「韓国は儒教によって蝕まれて」いないと見るべきである。仮に何物かによって韓国人が「支配され」たり「蝕まれて」いたとしたら、昔から無意識に身につけている習俗・習慣・行動様式等、つまりその種族の文化自体に、多くの「悪癖」が内包されていたということに過ぎないのである。

儒教と美容整形

先に引用した、拓殖大学・呉善花教授の著書を再度引用する。

「李氏朝鮮時代に花開いた朝鮮朱子学は、実際に起きたことよりも『あるべき理想』を重視しました。そこで事実を軽視し現実を無視した空理空論に走ってしまったと言えます。道徳規範を通して『〜べきである』との価値判断が絶対的なものとなるため、実証を通しての『〜である』という実際的な判断が歪められたり軽視されたりするからです。

規範が最初にあり、それに合わせて都合のいい事実を選んだり、解釈したりする、ということです」（注９）

このように述べた呉教授は、この朝鮮朱子学のことを、「現実を無視した空理空論」とさえ記述しているのであるが、しかし、同時にまた呉教授はYouTubeの「日韓文化比較レポート・美容整形と宗教観」の中で次のように語っているのである。

「儒教の中に『身体髪膚これ父母に受く、あえて毀傷せざるは孝の始めなり』という教えがある。にもかかわらず、儒教国と言われる韓国で美容整形が盛んだったり、親が応援する場合もあると言われているのは、矛盾しているのではないだろうか」という設問に対して、呉教授は、論旨以下のように回答している。

1・儒教の徳目の中に「仁、義、礼、智、信、孝、悌、忠」とあるが、礼を考える時、日本人には「形より心」と考える傾向があるように、韓国人は「心より形」とする傾向がある事は不思議ではなく、認めるべきである。

2・他者に会うのに外貌を整えることは、礼儀である。韓国人は「外貌を整えてこそ立派な内面が備わる」と考える。これを親が応援するのは至って自然なことである。

3・韓国の美容整形は1に示した儒教の徳目「礼」を具体的にした姿であり、日本の礼服にあたると解釈すれば矛盾はない。

4・「美容整形」という仰々しい言葉を使うから、訳が分からなくなるのであって、これを幾分念入りなお化粧、あるいは多少手の込んだ「身だしなみ」程度に理解するなら元々なんら矛盾を生じていないわけである。

上記のこの呉教授の論理を聞いて、皮肉なことに私はまさに「韓国朱子学の論理が現代に生きている見本」だと思わざるを得ないのである。

呉教授は「韓国朱子学は、「あるべき理想」を先に規範として述べ、それに合わせて都合のいい現実を選んだり解釈したりする、空理空論である」と述べていたはずである。

皮肉なことに、上記の韓国における美容整形と儒教に関する呉善花教授の説明こそが、そっくり朝鮮朱子学の論理構造になっているのである。

白か黒かの二元論

まず、「日本人には『形より心』と考える傾向がある」としているが、このような問題の矮小化はこの問題の本旨ではないはずである。「形より心」とは、「外貌だけで人を判断してはならない」という意味であって、外形・外貌はどうでも良いと、外形を軽視あるいは無視している訳ではない。

人間はまず平等であって、外貌だけでその人を評価することは、能力や人間性を無視することになり、不道徳なことである。人間には感情があるから完全に分離するのは不可能だが、そのように努力しようとするこの考え方は、日本人特有の文化ではなく、欧米でも一般的な、いわば国際基準の目標である。

例えばこれに類似した考え方に「健全なる精神は健全なる肉体に宿る」という古代ローマ時代の詩人の言葉がある。この言葉は、この部分だけ切り取られて使われることが多いが、この言葉の本旨は、「このような理想的な状態はめったにないことだから、これを目標に頑張ろう」という努力目標である。

しかしながら、呉教授の説明では、まるで日本人特有の文化的特性たとえば、お茶碗を持ち上げて食事する、という文化習慣だから、韓国人はお茶碗を置いて食事する、という程度の違いに等しいと述べているようなものである。

「心より形」というのであれば、「外貌だけで人の能力や人間性を判断して構わないのだ」という野蛮で不道徳とみなされるはずの論理の妥当性を、広く世界に通用するように論理的説明をしなければならないはずである。

それを、日本では「形より心」という文化習慣だから、韓国はその逆文化で、異文化は対等だから通用するはず、という「あるべき規範」を前提に問題の本質をすり替えて、矮小化したあり得ない前提条件を勝手に決めてしまっているのである。

なぜこのような、主題の矮小化が起きるかといえば、それは、呉教授の論法が白か黒かの二元論に「分裂（splitting）」しているからである。

本来の主題は「人間の評価を如何なる方法によっておこなうか」という設問であるにもかかわらず、呉教授は「形優先」か「心優先」か、という二元論にしてしまっているのである。

このように論理を「分裂（Splitting）」させる時には、ある意味幼稚で原始的な自己防衛機制が働いている事が多く、自己を含めて周囲の人々を自分でコントロールしやすくする「対象支配（object control）」の心理状態にレベルダウンしている事が多いのである。

したがって、この論理の分裂状態にあるかぎり、「形も心も共に必要だ」という統合論は出てこなくなるのである。

このことは、まさに「あるべき理想を」先に規範として述べ、それに合わせて都合の良い現実を選んだり、解釈したりする」と呉教授自身が「空理空論」とのべた、構造の論理展開、つまり「朝鮮朱子学」の論理構造そのものなのである。「韓国人は外貌を整えてこそ立派な内面が備わると考える」と主張するのは自由であるが、「自分が考えるから、正しい」との主張は、通らない。

人間は誤解、無理解、妄想、するものだからである。恐らくはこのような「野蛮で不道徳な主張」は、日本のみならず世界中で受け入れられるとは、考えられない事である。

「韓国の美容整形は儒教の徳目「礼」を具体化した姿である、と解釈すれば矛盾はない」とする仮定も成立するとは限らないもので、呉教授の強引な「朝鮮朱子学」的な解釈であって、当然のことながら、その解釈が正しいとは一義的になり得ないものである。

そしてこの解釈が成り立たないとなれば、矛盾は解消されない事になり、呉教授の説明は論理的に成立しなくなるのである。

美容整形が抱える問題

美容整形とは外貌を変更するための、明確な「外科手術（Surgical operation）」である。

本来この種の外貌変更目的の外科手術は、第一次世界大戦の後、傷病兵のための社会復帰への一手段として発達したものである。

その後オーストリアの医学者A・アドラー（A. Adler）が劣等感から生じる「優越コンプレックス」症状研究が発表され、外科医たちは従来の美醜の問題から、病症治療の手法論として問題をすり替えさらに発展させたのである。

そして現在は、アメリカの医学者S・レベンクロン（S. Levenkron）が問題提起した「自傷行為（Self harm）」としての病的要素が含まれていることが指摘されているのである。

そもそも、自分の外貌を変更するために外科的手術を行うということは、まず最初に自己の現在の外貌に対する拒否判断がなければならない。次に自分の身体を薬物や外科的手術等の方法によって、自由にコントロールしようとする判断が続く。

これらの判断の背後には、「自己像の不確実性」と「自己破壊的衝動性」および「幼児的万能感」が隠れていて、これらの問題を解決するために、自分はなんでもできるのだ、自分の体さえ自分で自由にできるのだという「対象支配（Object control）」の病理が隠れていることが多いと報告されている。

そのため、現在世界基準である医学のＤＳＭ（診断基準）には、「非自殺性自傷行為」という項目と、精神科救急疾患の中に「自傷行為」が掲載されている程である。なぜならば、虐待のトラウマや心理的な虐待、完璧主義の重圧、これらを主因とする患者が持つ低い自尊心の事例と「自傷行為」との間には、強い正の相関があるとされているからである。

心理的な虐待や強引な完璧主義の期待される生育環境にあっては、しばしば被害者は特に若年であればあるほど自虐的になりやすく、自分自身の自尊心を否定して、あるべき自分の本質を見失う状態、社会学でいう「疎外（Alienation）」の状態に陥りやすいことが知られている。

この事例では、アメリカの黒人奴隷解放後のPost coronial心的外傷として、またアフリカ各国の社会現象として、ステロイド系薬物による皮膚の脱色による黒人の「白人化」が報告されている。（注10）

本論の前章において、韓国における「儒教」は、他者を自己の支配下に置くために他者に押し付けるものであって、自己が従うべき規範という実態はない、と述べた。

頭初の設問にある、「儒教にある『身体を毀損してはならない』という教えと、韓国の美容整形は、矛盾しているのではないか」という疑問は、「韓国人が自分でも儒教の教えに従うはず」と想定していたゆえの疑問であって、当然といえば当然の疑問である。

しかし繰り返しになるが、実態は全く逆であって、韓国人にとって儒教は他人をコントロールする武装理論であって、自分が従う規範ではあり得ないのであり、それゆえに一向に矛盾しないのである。

この、相手を縛るための「お前がやれ、俺はやらない」という原則が日本に適用された時に、日本を非難できる論理となり、日本に対して「徳」を求めるけれども、自国や自分自身には「徳」を求めない行動になるのであって、その意味で韓国人の言動は一貫しているのである。

この事実を、従来の韓国問題専門家は一切述べてこなかったどころか、いかにも儒教を社会規範としている「徳」主体の国であるかのように説明してきたのである。それゆえに、日本人側に起きた誤解なのである。

朝鮮朱子学は生きている

儒教の「あえて毀損せざるは孝の始めなり」の真意は、古代中国では罪人に対する刑罰のうち死刑以外の軽い刑として額や腕に刺青を施したことが知られている。この刺青を指して「毀損」と言ったという説がある。つまり、「罪人になって体に刺青を入れられるような親不孝をするな」という戒めであった、という意味である。

したがって、呉教授の「韓国の美容整形は儒教の徳目『礼』を具体化した姿であり、日本の礼服にあたると解釈すれば矛盾はない」とする解釈論は、事実認定や実態に基づかない、全くの虚構である。

当然のことながら呉教授の「『美容整形』という仰々しい言葉を使うから訳が分からなくなるのであって幾分念いりなお化粧、あるいは多少手の込んだ『身だしなみ』程度に理解するなら元々なんら矛盾を生じていない」という説明は非論理の極みとしか言いようのないものである。

呉教授の説明の論理構造は「韓国人の価値観に矛盾はあってはならない」とする「あるべき理想」という規範が最初にあり、それに合わせて「美容整形」はお化粧の一種だとする「～である」という実際的な判断が歪められたり軽視されたり」している訳であり、この説明の仕方こそ、呉教授自身が「空理空論」と指摘した「朝鮮朱子学」そのものである。その意味で呉教授が説明した「朝鮮朱子学」は、呉教授ご自身の中に今日もなお生きているのである。

この主題はむしろ、韓国社会が持つ病的要素が際立つ事例である、と解釈した方が正確だと思われる。

なぜならば、まず韓国人の思考形式が「形か心か」というような、白か黒かの二元論になっている事が問題である。この思考形式の連続で、「整った外貌は内面の充実」「整わない外貌は内面が貧しい」と、やはり二元論になっている事である。この思考形式は通常、思考の「分裂（Splitting）」と呼ばれているもので、医学上では自己防衛のための原始的防衛機制とされるものであり、思考形式をこの幼稚で退行した方法にすがっている事自体が現実環境への対応に問題を生じさせると言われているものである。

平均的な庶民にとっては、「内面の充実」はそう簡単な事ではない。したがって手っ取り早く「外貌を整える」ことにより、「内面の充実」を主張できる、という短絡した行動になるのであろう。

例えば古代中国では、庶民にとって科挙に合格して宮廷の官僚になることが出世の唯一の方法であったが、同時に極めて困難な道でもあった、そこで短絡的な手法として自ら外科手術により宦官になって宮廷での出世を目指す者が続出したと言われる。

「外貌を整えた」からと言って、必ずしも「内面の充実」がない事は、何よりも自分で自覚できることであるから、韓国人の自我は常に内心の囁きに脅かされることになり、精神は不安定になる。この不安を打ち消すために更なる「外貌の整え」に強迫的な行動を取ったり、自己の内部の弱点を強く［否認（Denial)］するなどの原始的な自己防衛方法を取らざるを得なくなるのである。

このような行動様式は、「嗜癖（Addiction)」と呼ばれるもので、患者の嗜好の違いによりアルコール、薬物、異性等の様々な様相を呈するものであり、また自己防衛に原始的な方法を取ることにより、自身の自我機能はさらに低下した水準となって行かざるを得なくなるのである。

第7章 「恨（ハン）」は韓国人特有の美意識か

韓国人の持つ「大きな夢」

拓殖大学教授・呉善花氏はご自身が日本に帰化した経験を語った自著の中で、「仕事の先々で知る日本人ビジネスマンたちは、とくに大きな夢を持たずとも、懸命に仕事に打ち込み、それでみんな生き生きしている。それで実際、彼らは大きな事業をやってのけている」と記述している。（注1）

逆に見ると、「韓国人は、とくに大きな夢を持つ」という意味になる。なぜ韓国人は「大きな夢」を持たなければならないのであろうか。また、この「大きな夢」はどこから来たものなのであろうかと、一読不思議に思ったのである。私はこの「大きな夢」とは、幼児が自分で身の丈に合わせて自分で望んだものではなく、親から押し付けられた過大な「超自我」的圧力なのではないかと推測している。

それは、呉善花氏が別の著書で次のように記載しているからである。

「韓国人に特有な『恨』という情緒があります。韓国の『恨』は朝鮮民族伝統の独特の情緒です。恨は単なる『うらみ』の情ではなく、達成したいのに達成できない自分の内部に生まれるある種の『くやしさ』に発しています」

「高い徳をもって品位ある生活を送るためには、富を手にすることがなんとしても必要だ、ということになってくるのです」（注2）

つまり、他人から見て自分を誇れるような大金持ちや権力者になることが「大きな夢」の意味なのだとしか思えないのである。かつて両班と呼ばれた貴族官吏は、徒食する一族郎等を従えて私利私欲のために庶民を搾取し、私的権利を行使したという。この両班のようになるという「大きな夢」と「朝鮮民族伝統の恨」と何が違うのであろうか。またそのような「大きな夢」を、自然児として生まれ育った幼児が自分からひとりでに望んで持つものなのであろうか、これが不思議である。

韓国人とは、あまりにも「大きな夢」という一方的価値観を親から押し付けられて「本当の自己」を育てられなかった傷を抱えたまま大人になった人であると断じざるを得ないのである。いわば、一人の韓国人の心の中に、歴史的価値観が眠っていると見るのが正確なのではないかと思える。

したがって、韓国人は「朝鮮民族伝統の情緒」という価値観が連綿とつづく環境の中で育ち、それゆえに「偽りの自己」で周囲の環境に適応したゆえに、脆弱な自我構造しか持てず、その機能の一部として原始的防衛体制によって自己を守るゆえに、「分裂」「投射性同一視」「否認」等の病的言動を行う原因がここに在るのだと推測できるのである。

事実、呉善花氏ご本人も前書の中でこの問題点について以下のように記述している。「最も大きな弊害になっているのが、国家や氏族など共同体の精神と個人の精神が未分離の状態にある、ということです。そのため多くの韓国人は個人の主体性という要素に乏しく、共同の心情や意志がほとんどそのまま個人の心情や意志になってしまいます」（注3）

しかし、呉氏の著作の中では韓国人の中でなにゆえ、そのようなことが起こるのか、また原因は何なのかの分析的記述は一切ない、のが残念である。

この点ひとつとってみても、いかに本当の自分というものがなく、周囲にただ反射的に押し付けられたある意味、親たちの欲望に過ぎない価値観を、ただ無批判に受け入れ合わせてきた自分に「偽りの自己」しかないのかが現れているし、ひょっとしたら「韓国人の生き方の流儀」とはそのようなものであり、その流儀を身につけたからこそ、このような人間が生まれるのかもしれない。

被虐待者としての韓国庶民

明治時代に仙台医学専門学校に清国から留学していた周樹人（魯迅）は、『阿Q正伝・狂人日記』の中で「病気したり死んだりする人間がたとえ多かろうと、そんな事は不幸とまでは言えぬのだ。むしろ我々が最初に果たすべき任務は、我国の愚弱な民の精神を改造することだ」と記述している。

北海道大学・中野美代子教授が例示したように、「中国人は昔から儒教を口では説きながらその口で人肉を食べていた」という、特定の種族が昔から持っていた習俗・習慣、行動様式、考え方、自体の問題なのであり、魯迅が指摘したように「我が国の愚弱な民の精神」の問題であり、儒教等何かの「規範」のせいではないのである。

結局、韓国人にとっての「儒教の教え」とは、「お前が守るべきもので、俺が守るものではない。俺は無関係だ」というものに過ぎないのである。

韓国人は自分達が持つ悪習を「儒教」のせいにしてしまい、いわば、「儒教」は、韓国人によって「濡れ衣」を着せられていることになる。このことを朝鮮人は、魯迅のように直視しようとしてきたのか、ということが問われているのである。

李朝では反乱を起こした者は一族もろとも皆殺しにしてその血を絶やし、反乱者を少しでも助けた村は村人の全てを殺戮して消滅させました。過酷な密告システム、拷問、公開の斬首刑、死体陵辱刑などによって、国民を慢性的に怯えさせる状態に落とし込む形で、その強固な政治支配を可能にしていたのです。韓国も北朝鮮と酷似する民衆虐殺の戦後史を背負っています。李承晩もまた政敵を多数粛清しましたが、済州島で選挙に反対した8万人ともいわれる非武装島民を虐殺、さらに共産主義者の収監を名目に無実の一般市民を虐殺しており、その数実に120万人と言われます。（注4）

呉善花氏は前述の著書の中で上記のように記述している。しかし米国に長く暮らしていた李承晩が「儒教」の信者であったかどうかは知らないが、両班の血筋であり朝鮮独立運動家としての経歴の中に、つまり李氏朝鮮時代の両班政治の悪癖が傾向として出ていると考えた方が理解しやすいのである。

「奴隷がいた国」ともいわれる李氏朝鮮以降、このような残酷な恐怖政治が500年以上にわたって続くということは、庶民の立場からすると、延々と続く限りない「虐待」を受け続ける環境しか知らないことと同じである。このような日常的に継続した虐待を受け続けると、被虐待者は一定の症状を引き起こすことが医学的に知られている。

米国の心理学者セリグマン（Seligman）の理論「学習的無力感（Learned

helplessness)」である。この症状の特徴は二つあって、第一は「被害者が抵抗する意欲を失う」であり、第二は「虐待をごく自然な行為として甘んじて受けるようになってしまう」である。

このような、同じ国民を同じ人間と思わない朝鮮の古来の風習・習俗つまり、朝鮮人自身の問題であって、自分たちが持つ「悪癖」を「儒教」のせいにしてしまう」その精神構造自体が問われているのである。

「二重拘束（Double bind）」下の韓国人

拓殖大学・呉善花教授は、別の自著の中で次のように述べている。

日本人ビジネスマンたちとの議論を通して自分があまりにも日帝時代の歴史事実を知らないことを思い知らされた。そしてそれは自分以外の大部分の韓国人についてもいえることなのだった。（注5）

このような事例、つまり海外留学の韓国人学生が外国人と韓国の歴史について議論しても知識不足から、自国の歴史事実を正確に説明、あるいは反論できず最後は錯乱状態になって大声で叫んだりする事例が数多く、当の留学生本人がそのことを告白しているのである。

本書第5章の「韓国人留学生の悩み」でも引用したが、自国の歴史に精通しておらず、正しく自分の国を弁護できない自分自身に対する恥ずかしさ、と言った学生の例、また本書第3章の「韓国女子米国留学生の誤認」で引用した、懸命に反論しようとしたが、頭の中が真っ白になり、感情だけが高ぶった」というラトガース大学での学生の例などがある。また、以下のような記述もある。

「韓国の40代半ばくらいまでの世代は、まさしく日本の大衆文化にそれとは知らずにどっぷりと浸って育ってきた。それらが日本のものであることを知らされずに、韓国のものだという嘘を信じて育ってきたのである。韓国の『少年アトム』が実は日本の漫画だったという事実に、幼いながら裏切りに近い衝撃を覚えたものだ。『火の鳥』や『ジャングル大帝』まですべてが日本の漫画だったという事実は、それらが全部韓国の漫画だとばかり思って、耽読していた私を深い劣敗感へと落とし入れた」（注6）

これらの事例を通して共通していることは、自国のことを他ならぬ韓国人自身が「あまりにも知らなさ過ぎる」ということである。これは一体どういうことなのであろう。また、それ以上に不思議に思うことは、なにゆえに、それまでの自分が「知らない」でいる状態にあることを「知らない」のであろうか、ということである。

古代ギリシャの哲学者ソクラテスを持ち出すまでもなく、「無知の知」すなわち

「自分の知識は大したものではない」、あるいは、「自分は間違っているかも知れない」という前提があるからこそ、他者の意見や反論に耳を傾け、より確かな知識を得ようとするのが一般的なのではないのだろうか、特に大学生とはそもそものような存在以外にあり得るのか、と思うのが普通であろう。

にもかかわらず、外国に留学して初めて自分の知識があやふや、もしくは自分が無知であることに気がついたということは、一体どういう事なのであろう。「自分は大した知識ではないと自覚すること」あるいは「自分は不完全であり、間違っている確率が高い可能性がある」という前提であればこそ、より本質的な思考ができるようになるはずである。

また一方的な仮説だけではなく、広く類例を探し、一次資料や直接的なデータ、現実の現象を観察し試論を重ねながら一つの論理を積み上げてゆくが、それでもそれは一つの仮説に過ぎないと自ら判断するのが通常である。

このように考えると、韓国人学生が「自己の無知」に気づかないという現象は、いかにも不可思議であるという他はない。このような韓国で起きている現象に対して考えられる理由はただ一つで、それは「自分の頭で自分なりに考えることを禁じられているから」起きたことではないのか、ということである。

このことについて、呉氏は自著の中で以下のように述べている。

「学校で教えられたこと、つまり正統的な知識をそのまま信じてしまうところがあった。韓国の知のオーソドキシーといえばその根本に儒教があるため、知識のあり方では強固な理念に基づくことを要求される。何かを考えるには『まず理念あり』でそのため強固な考え方の枠組みを持とうとすることになる」（注7）

「知のオーソドキシー」という奇妙な語彙もそうであるが、ここにあるのはまるで何かの宗教の信者が教祖のいうことを頭ごなしに「信じる」という行為であって、自らが主体的に真理を学ぶという態度ではないことである。

また、呉氏のいう「まず理念あり」という論法は、本稿第6章「朝鮮朱子学」の項で述べたが、しばしば、白黒二元論的な決めつけを前提としており、他者を黙らすか、もしくは他者の反駁を許さずに言いくるめるだけの、事実とは懸け離れた自己保身的抽象論に終始しているのであり、真実の追求とは無関係に終わっていることが多い。

つまり彼らの論理には「自分の意見は仮説であり、間違っているかもしれないし、他の意見もあるかもしれない」という前提自体が存在せず、自己検証すら省いた彼らにとって金科玉条の「権威的知識＝知のオーソドキシー」だけがある、ということが分かる。

したがって、恐らく彼ら韓国人が無意識に選んでいる白黒二元論自体を否定されると、彼らには反論する論理を展開することができず、錯乱状態になるのであろう。

この事からわかることは、韓国の学校教育のなかに底流として流れている「自立・独行してはならない」という言語外の禁避事項が存在するのだろうという推定である。

呉氏が「知のオーソドキシー」という言葉を使っていたが、それはまるで金科玉条の呪文を唱えるように定石の論理を展開すると、全ての人がひれ伏すようなイメージを彼らは持っているのであろう。彼らにとっては自分が唱える呪文自体を否定されることを想定していないことが見て取れるのである。

あらゆる論理は仮説であり、「知のオーソドキシー」などというものは存在しない。これは逆に言うと彼らが自分の頭で考え、反論も検証し、事実に基づいて選んだものではないことを証明していることになるのである。

人間が言葉や同時に表情、身振りを含めて他者へ何らかの意思を伝えようとする時、この時の情報伝達の種類には２種類あり、一つは「言語による伝達（Verbal communication）」であり、他の一つは「非言語による伝達（Non-verbal communication）」である。

通常は、言語伝達と非言語伝達共に、同じ種類の情報が送られ、受け手の側も混乱なく一定の情報が伝わるのであるが、情報の送り手が言語情報と非言語情報にそれぞれ全く異なる情報を発信する場合がある。このような異常な状態にあっては受け手には正反対の情報が同時に来るので、混乱してしまう。

そして、さらにこのように言語と非言語に正反対の情報を発信する発信者には、正反対の情報が送られている事実を強硬に否定する場合が多いのである。こうなると、正反対の情報の受け手は、混乱するだけでなく、自分の感覚を疑い、自分で判断することを放棄せざるを得なくなる。

例えば一人の母親が我が子に向かって「お前を愛しているからお母さんの側においで」と、恐ろしい形相と声色で言ったとしたら、幼児は母親の真意をはかりかねて混乱し躊躇うはずである。さらにこの母親が「お母さんの言葉を信じないお前は悪い子だ」といったとしたら、この幼児は自分の感覚がおかしいのかと自分を疑うようになるだろう。

この状態は米国の医学者G・ベイトソン（G. Bateson）が提唱した「二重拘束（Double bind）」と呼ばれている病的状態である。例えば、複数の人間の間で「まず第一に「これこれしてはいけない」と否定的命令が発せられるが、同時にそれと矛盾する第二の否定的が異なるコミュニケーションで発せられる、そして犠牲者はこの矛盾から逃れることを禁止される、というものである。」「このような体験に日常生活においても繰り返し遭遇していると、子供は他者のメッセージを弁別することも、自己の発するメッセージの真の意味も不正確になる」（注８）

恐らく韓国の学校においては、「先生や教科書で教えることを覚えなさい」という命令が出され、例えば教師の発言や教科書の記載事項の根拠や事実の証拠を求める生徒には、多分叱責や低評価が待っているはずである。このことは「教師や教科書以外の論を信じてはいけない」という否定的命令が言外に発せられていることになる。これは「自分の頭で考えたりせず、ひたすら教えられることのみを信じよ」という意味になり、さらにまたこのような「学校環境から脱出することもまた禁止されて」いるはずである。

幼い時代から繰り返しこのような教育環境に適応すればするほど、子供という「犠牲者」は自分で考えることを放棄する以外になく、ひたすらただ与えられた教条的な知識を詰め込むだけの存在になり、自分がいかに無知であるのかを自己検証することさえ禁じられていることになる。

これはある韓国人留学生が語っていたことであるが、韓国最高学府であるソウル大学で、AやA＋評価を受けるには、学生の殆どがパソコンと録音機を携えて講義に臨み、教授の発言を（冗談でさえも）一言も聞き逃さずに一言一句正確に記録し、そのノートを期末に提出することが必須であり、そこには教授の発言以外の自分の考えや反論などを決して記載してはならないというのである。

したがって、国外留学した場合などに外国人から、教科書に載っていなかった事、自分が聞いていなかった事、あるいは逆の歴史的事実やデータを示された場合には、自分の知識は自分の力で得たものではなく、与えられた量を与えられた範囲内で単に信じていただけであることが明確になり、韓国式の学習方法を含めて初めて「自己の存在」自体を疑ることになるのであろう。

韓国人の「観察自我（Observing ego）」の機能不全

拓殖大学・呉善花教授は、２００1年に刊行された自著の中で次のように述べている。

韓国は日本の侵略を決して許さないと主張する一方で、中国やロシアの侵略行為についてはほとんどまともな非難をすることがありません。なぜそうなのかと日本人に聞かれると、私はよく次のような言い方をします。

「韓国人には中国は文化の兄であり、日本は弟だという気持ちがあります。兄の悪行は許せても、自分より下の弟から加えられた悪行は決して許すことができないのです。こうした素朴な儒教的長幼の序の意識と小中華主義・侮日感とが混合していて、反日にはなるけれども反中国にはならない作用を果たしているのです」（注９）

上記の記述は今から23年前の出版物のものであるから、呉氏が現在もなお、この質問について上記と同じ説明を日本人にしているのかどうかは分からないが、２００１年といえば呉氏にとっては日本在留18年目にあたるはずである。この間、呉氏は出版のみならず、多くの講演活動もしていたはずであり、多数の日本人が上記の説明を聞いていたと思われる。

このような呉氏の説明に対して、聞いていた日本人は全員納得していたのであろうか。また何人の日本人がこのような説明に疑義を唱え、また反論したのであろう。

このような疑問に関しては、呉氏の記述を発見できなかったので詳細は不明であるが、私から見ると呉氏の上記の説明は極めて不可思議な説明に聞こえるのである。

呉氏は現在なお、このような論理を、ご自分でも信じているのであろうか。またはこのように説明しておけば、とりあえずの説明として日本人には通用するとしているのであろうか、そしてまた、現在でもこの説明を使っているのであろうか、そこが知りたいところである。

もし、私が上記の呉氏が説明する現場に居合わせたとしたら、「多くの韓国の方々がそのように思っているということは分かりました。しかし、そのこと自体について呉先生は個人としてどのようなご意見をお持ちなのですか？」と尋ねるはずである。

私の目から見れば、上記の呉氏の説明は、明らかな「妄想」の一種である。この場合の「妄想（Delusion）」とは、「社会的現実によって反論されても、強固に維持される間違った信念、すなわち他人と共有されない信念」の意味であり、この定義はDSM-4（精神障害診断統計マニュアル－4／Diagnostic and Statistical Mental Disorders-4）に従ったものである。

過去や現在の自分や他者をどのようなものとして見ているか、他者をどのようなイメージで自分が見ているか、を現実や事実と照合する心の働きに、「自我の現実検討」機能がある。自我の機能とは、自分への確信的統一性や一貫性、不安や不満への耐性、昇華能力と並んで、どのような現実も否認、逃避することなく現実を受け入れる力のことである。これは、自我の健康度を示し、特に自分や他者をどのように見ているかを自らチェックする「観察自我（Observing ego）」の機能が重視される。

仮にこの部分が機能不全を起こすと、現実の自分や他者を見る機能が失われ、現実とは対応しない特別のイメージが生まれてしまうことが知られている。

「『自分は天皇陛下だ』という妄想を持った慢性分裂病の入院患者の場合、一方で、この妄想的確信の中で暮らしているが、同時に一方で彼は院内で清掃作業をしている。『どうして天皇陛下が清掃作業をしているのか？』と聞くと、答えることができない。つまり、そこでは現実の自分についての現実検討の機能は停止し、現実は否認されている」のである。（注10）

呉氏の説明した「韓国人」と、引用例の「入院病棟内で清掃作業をする天皇陛下」と、何が違うのであろうか。呉氏の説明した「韓国人」の持つ論理では、「韓国は日本の文化の兄である」「日本から悪行を加えられた」「侮日感を持つ」という意味になる。

しかし「自分は天皇陛下だ」とする患者の主張は、「現実や事実とは無関係の自分だけの信念」であるのと同様に、上記の韓国人の主張は「事実とは無関係の自分だけの信念」であり、かつ現実検討の機能は停止しているので、事実を示しても他者が修正させることはできないのである。

それは共に「妄想」である。なぜならそれは「現実によって指摘されても修正されない間違った信念」であるゆえである。

すでに第3章「韓国女子米国留学生の誤認」の項で述べた通り、第三者である米人教授は「当時の朝鮮半島の人々は文明のシステムを独自の力で導入するのに失敗した。日本の植民地主義なしであれほど早く文明の世界システムに入れただろうか？」と指摘している。また第3章において引用した「親日派のための弁明」では、著者の韓国人が認めるように、米国人学者が韓国の歴史を歪曲していると主張する韓国人留学生が間違っていて、韓国の政府や学者が歴史を歪曲しているのが正しい、との記述がある。

「歪曲」とはすなわち、事実に基づかない、他者と共有されない間違った信念すなわち「妄想」である。

呉氏は自著の中で「素朴な儒教的長幼の序の意識」と説明しているが、この儒教的意識というものは、事実を客観的に説明する論理ではなく、相手を押さえつけ反論させず支配下に置くための道具にすぎないことは、すでに本稿で述べた通りである。相手と論争になった時、相手を黙らせるために、「生誕順」という物理量を持ち出して自己の論理の基準にしたに過ぎない。

たとえば、歴史的事実、軍事力、経済力、学習能力、政治力など他の基準を持ち出して「生誕順」を崩壊させることは可能であって、必ずしも「儒教的長幼の序」が唯一絶対の基準ではないことを考えると、呉氏の説明もまた非論理であることが分かる。

「韓国は日本の侵略を決して許さないと主張する一方で、中国やロシアの侵略行為についてはほとんどまともな非難をすることがありません。なぜそうなのかと日本人に聞かれた」場合の正しい論理は、すでに本稿の第2章「反日の理由」で説明してあるので繰り返さないが、簡単にいえば韓国人はこのような近隣諸国との外交政策決定の場合や、「なぜそうなのかと日本人に聞かれる」こと自体が、韓国人にとっては大きなストレスになるのである。

そして大きなストレスに出合うと韓国人は、精神的に不安定になり極端に「退行（Regression）」してしまうのである。ここでいう退行とは、肉体的年齢とは無関係に自分の成長してきた生育歴の中で課題が克服できていない時代にまで精神的に逆行し幼児化してしまうことである。

この場合には、M・マーラー（M. Mahler）のいう2～3歳児時期の「再接近期」での「分裂機制」にまで退行して反応してしまうということである。したがって「両価性アンビバレンツ」や「妄想的判断」が出やすくなるのである。

ある症例の患者にとって、自己の言説や行動について自ら問いただす事を極端に恐れ忌避する場合がある。この状態については名医の令名高い中井教授は以下のように説明している。

「頭の片隅に自分の行動が問われた時の答えを用意しておかなければならないことは、非常な緊張の源泉であるばかりでなく、理屈をこえた（感覚＝運動的な）生きる喜びをますます枯らすことになるだろう。」（注11）

韓国人にとって、また呉氏にとっても「日本に対する韓国の行動」の説明を求められる訳であり、ある種の病者にとっては他者からは特殊に見えるかもしれない自分の行動を説明することは、自分の行動の矛盾を追及されることに等しく、まさに神戸大学・中井久夫教授の指摘通り、「非常な緊張の源泉」になるのである。

したがって、実際の医学教科書には以下のように記載されている。

「理解しようとして何故か？　と問いかけること自体が患者にとってサディスティックだとうけとめられてしまう」「分裂を直面化するということは患者の矛盾を指摘することでもある。つまり患者は『お前は偽善者だ、悪い』と言われたように感じ、被害的不安を高め、それを防衛するために、病的退行的振る舞いをする、という事態が起こり得る」（注12）

このように見てくると、間違いなく韓国人にとっては、日本だけを攻撃する理由を尋ねられること自体が「行動の矛盾を指摘される」ことであり、言外に「お前は偽善者だ、悪い」と言われていることと等しくなり、自分は退行しているなどと自認できるはずもなく、「被害的不安を高め病的退行的振る舞い」つまり「儒教的長幼の序」を持ち出すなどの非論理的行動を取らざるを得なくなるのである。

このように考えると、呉氏ご自身もこのような質問に直面した場合には、おそらくご自身についての現実検討の「観察自我」機能を停止してしまっているのであろうと、推測されるのである。

例えば、舞台俳優の中でも「名優」と呼ばれるほどの俳優は、たとえどのような愁嘆場面を演じていても演技上の人そのものに成りきることはなく、演じている自身がどのように観客に見えているかを極めて冷静に判断しながら演技していると言われる。それはまるで天井に取り付けたテレビカメラから送られてきた自身の映像を観ながら演技しているかのようだと言われている。

この時の、テレビカメラに相当するものが「観察自我（Observing ego）」の機能に例えるとわかりやすいのかもしれない。

すでに今から６００年以上前、室町時代初期の能楽師・世阿弥は自著「花伝書」の中で、観客の立場から自分を見れて、初めて己の姿を見ることができる「離見の目にて見るところは即ち見所同心の見なり」と述べているのは、まさにこのことであろう。

そしてこの「花伝書」は単に能楽者の指導書としてのみならず、日本の美学書

『Kadensho Flowering spirit』として翻訳され、国を超えて高い評価を得ている。

自分の言動を、もう一人冷静な自分の目で見る能力、つまり「観察自我(Observing ego)」を育てることは、時代や国を越え、自他の尊厳を守る一つの重要な指標なのである。

韓国人は、そして呉氏の「観察自我」の機能が失効しているように見え、自分が何を言っているのか自分の説明が他者にどう理解されているのか、不思議に思っている様子がないことが、不思議である。

先に例示した「院内で清掃作業をする天皇陛下」の事例では、「現実の自分についての現実検討機能は停止し、現実は否認されている」症例として医学的に理論づけられているのである。頭初に引用した呉氏の説明とどう違うのであろうか。

このように理論的に観た時に、韓国人のしかも中には多くの韓国の大学教授さえ含まれている、「ウリジナル」と揶揄される主張、例えば空手、剣道、日本刀、茶道、武士、桜、等々枚挙にいとまがない韓国発祥捏造事例、の根本原因がこれで正確に理解できるのである。

「恨（ハン）」はどこから来たのか

拓殖大学・呉善花教授は、自著の中で韓国人特有といわれる「恨」と日本人の「もののあわれ」とはよく似た感情であるとして、以下の様に述べている。

「恨は、人間ならばだれもが世の中を生きる上で抱え込んでいくことになる『不完全さ』や『欠如の感覚』に発している。その限りでは『もののあわれ』とよく似た心情だと言える。しかし恨ではそうした「弱さ」が否定的にとらえられてその解消に向かおうとする。恨の対象が自分である場合は、それが解消されない限りストレスが溜まるから自分自身の境遇をせいいっぱい嘆くことでストレスを解消しようとする。恨はそれを溶かしていかないかぎり、自分の運命や他者に対してのコンプレックスがなくなることはない。韓国人にはそのように恨を溶かしていこうとする心の美学があり、そこに恨の芸術も生まれる」（注13）

一方、韓国人が持つといわれるこの「恨（ハン）」の感情がなぜ生まれるのかについては、朝鮮日報・記者の李圭泰氏は以下のように記述している。

「韓国では、父親や姑がどんな不当なことを言っても、また教師が不当な指示をしても、その不当さと錯誤と欺瞞に対立して緊張を解消させる方法を取ってはならないため、それを従容として受け止めて『恨』として残存させる他ない。

集団の利害に一致しない個人の意見は、正当で正しくても主張しないケースが多い。この時、こうした挫折は『恨』となって蓄積される。韓国人は加害者に食ってかかる場合は極めて少ない。そうした加害の力学に反発することができず、受け入れてしまう。受け入れはするものの消化ができない。そうであるため違和感を充満させたまま苛立つのだ。そのあげくに自虐的な手口で逃避を試みる。

韓国人の自虐的処理の方法として責任転嫁があげられる。全ての悪い状態は、運が悪く恵まれていなかっただけで、決して自分の能力がないからではない。その事実を自他共に認めてくれないといけない。そうした方法で現在の悪い状態を慰めてもらう。韓国人はこうした方法に伝統的になれてきたのだ」（注14）

この朝鮮日報・李圭泰記者の述べていることは、本稿において今まで記述してきた論理とかなりの部分で重なるところがあると思える。

中世の朝鮮人がその規範とした古代中国人は、多くは城塞都市の住民、つまり長大で強固な防護壁に囲まれた内側空間に暮らす人々であり、そのような城塞都市と他の城塞都市の間の空間は野生動物や悪霊や言葉も通じない異民族が闊歩する危険な場所と考えられていた。例えば自分が暮らす城塞から出て他の場所に向かうことは極めて危険な冒険の類であり、そのため最初に出会った異民族を捕らえて首を切り、その首を高く掲げて災い除けとして道を進んだといわれる。

「道」という漢字が「しんにょう・之」と「首」から構成されているのはそのゆえだと言われているように、城塞都市の住人にとっては、都市内の規範に違背して城塞の外への放逐は、即、死を意味することであり、文字通り「見捨てられる」ことであった。

「中国人のメンタリティーの中には、国家とか民族というものは存在しない。彼らにとっての『世界』とは、城塞に囲まれた都市に象徴される、狭い空間なのである。そしてその狭い閉鎖空間を一歩出れば、そこは『蛮族』が住む異世界である。

中国人にとって『外国』とは日本や米国のことではない。隣の村の人間だってその人にとっては『外人』になる。中国人にとって、他人はすべて敵である。最大のタブーは他人に弱みを見せることである。

男にとって最大の敵は、自分の妻である。妻ほど自分の私生活を知り尽くしている人間はいない。自分の弱点を最も握っている危険人物は、妻なのである。要するに嫁に来た女性というのは実質的には奴隷である。働かされるだけ働かされて、さらには後継ぎを催促され、男の子が生まれなければ、ただちに放り出される。」（注15）

中国学の泰斗・岡田英弘氏は上記のようにのべているが、中世朝鮮人にとっても、事情は同じようなものであったろう。李氏朝鮮時代には貨幣経済はほとんど発達しておらず、物々交換経済が主体であり、かつ商業施設や物流の道さえ整備されていなかったので、集落の人間関係の断絶や集団から追い出されることは殆ど即、死を意味することと同じであったであろうと推測できる。

しかも李氏朝鮮の成立自体が、国内の内乱の平定後のことであり、内乱で敗れた地方の住民をことごとく奴隷とする制度から始まり、奴隷の数は全人口の4割に及んだと言われている。さらに国の支配体制は、1割に満たない貴族が全権を担う極端な身分階級制度であり、各集簇や集団では強固な男尊女卑、老人尊崇、の習慣が行き渡った徹底した父系社会を構成していた。したがって女性の地位も極めて低く、一族の家系図である「族譜」には男子のみが記載され女性は個人名すら記載されることはないと言われる。

このような硬直した専制政治体制下において身分が下の者は、只々上位の者にあるいは集団の決定に従うしか生きて行く方法がなかったはずである。

したがってこのような環境が、中国人や朝鮮人のような集団型人間にとっては「他者が自分をどう見ているのか」、「自分は他者からどう評価されているのか」を常に意識し他人の眼を気にせざるを得ない、防衛的生活習慣を生み出していったものと推察できる。

すなわち、自分が生き残っていく上で「自分にいかに責任がないか」、「自分はいかに無実であるか」「自分にいかに運がなかったか」ということを常に主張していなければならなくなり、考え方や発想の仕方、表現方法がこの点を強調するように習慣化していったと考えられる。

したがって中世朝鮮人にとって最も大切な価値観とは、人間集団の中でいかに自分の評価を高めるかであり、それが最も有効であったのが政治的権力もしくは経済力であった。このような「他者に対する強力な支配力」や「他者からの無条件の高評価を得る」こと、これが朝鮮人にとっての「大きな夢」を持つこと、別の言葉で言えば「恨を解消すること」の本当の意味であると論理的に理解できる。

「恨」は美意識か

例えば李氏朝鮮時代末期に国王・高宗の妃となった閔妃（ミンピ）という女性がいる。多数の候補者の中から選ばれてたまたま王妃となった人であるが、地位を利用して自分の家族、親族「閔一族」の多数を政権の要職につけ、国庫を浪費させ外交を壟断して国運を傾けた人物として知られている。しかし当時の朝鮮人にしてみれば、自分の運を味方にして「大きな夢」を実現させた理想的な人物と見ることもできよう。
つまり、韓国人にとっての「恨」とは、人間社会における現世利益である、政治力や経済力のことであり、理想的には李氏朝鮮時代の「両班」になることである、と言ってもそれほど大きな間違いはないはずである。

先に示した、朝鮮日報・李記者は上掲書の中で、韓国人の持つ加害者意識について「原恩」という言葉で説明している。韓国人の親が自分の子供に、「お前を生み育てるのに非常に苦労した。自分は被害者だ」と常に言い聞かせ、子供は加害者意識に近い「原恩」意識を持つに至る。それはまるで西洋人が持つ「原罪」に近い、という。

このように見てくると、李氏朝鮮時代から続く韓国人の大多数の人々にとっては、親の恩を押し付けられた上に権力者や金持ちになる義務を課され、かつ年長者や指導者にはいかなる不法であろうと無批判に従わされ、しかもそのような環境から脱出して自立することも禁じられて生きなければならないということである。

このような人権無視の虐待ともいえる環境に置かれた人間は、如何なる民族の人間であれ本来の自己実現をすることができず、正常な精神状態を保つことはできなくなる。悲嘆にくれ、また絶望感からしばしば自暴自棄の行動をとりがちになる。韓国人に自傷行為、自殺企画、自宅放火、が多く発生するのはその証明であろう。

人間は非常に大きなストレスにさらされ続けると、「身体化（Somatization）」、「精神化（Mentalization）」、「行動化（Acting Out）」の３つの方向で異常が現れると、医学的に知られているが、韓国人の自傷行動は、そのうちの「行動化（Acting Out）」と呼ばれる症状の一つである。

また、「長期にわたる深い悲しみや悲嘆」は「Grief Work」や「Mourning」として知られているが、自然に回復できず長く苦しみ抑圧されたりした場合、しばしば「病的悲嘆」となることが知られている。

そのような悲劇的環境に止め置かれた被害者の発する、苦痛の声や悲嘆つまり悲鳴は聞いている他者の感情を揺さぶるであろう。そのような人間の感情を揺らす「悲鳴」は「心の美学」「美意識」と言えるのであろうか。もしそうならば、虐殺される動物の悲鳴も「美学」「美意識」と解釈しなくてはならなくなる。

つまり、韓国人がいう「恨」とは、残酷な生育条件の中に置かれて自分を一人の独立した人間として生きることが許されない環境にあっては、誰にでも起き得る「病的悲嘆」の一種であり、心の美学とか美意識などではない。

むしろ癒されなければならない治療の対象症状であるといえる。そのことは当の韓国人自身が述べていることであるが、「他者に恵みを与えるような大金持ちや権力者になって、他者から見て誇れる自分になる」ことによって達成できる、力の信奉である現生利益信仰が「心の美学」「美意識」であるはずもない。

もしそれらの「病的悲嘆」を韓国人特有というのであれば、それは明らかな間違いであり、逆に人間をそのような残酷な状態に放置している社会環境の存在自体が世界に類を見ない「特有」な現象と言うべきなのである。

呉善花氏の中の「悉無律（All or nothing theory）」思考

拓殖大学・呉善花教授の記述を読んでいて奇妙に思えることは、呉氏がしばしば結論を急ぎすぎているように感じることである。上掲の著作に見えるように、「恨」と「もののあわれ」を同じ座標軸の反対に対比するのも、その一例であるが、呉氏の論理の各所にこれと似た結論の導き方が多数見えるのが奇妙である。

上掲書『ワサビの日本人と唐辛子の韓国人』には作家の石原慎太郎氏の推薦文が掲げられていて「呉さんの日韓文化比較論はいつも風俗の現象から説き起こし、その根底にある本質の違いをわかりやすく分析して・」「この明快な比較文化論・」と石原氏は述べている。

しかしながら、日韓の文化を「その根底にある本質の違いをわかりやすく分析」することは、必ずしもその「分析が正確である」ことを保証はしないのである。社会現象を分析するとき、恐らくは直感で発想して一つの仮説とし、論理でその仮説を検証して行くことになるのであるが、呉氏の論理の立て方、分析の仕方、ものの考え方にはある特定の様式があるように思える。

「オールオアナッシング思考（All or nothing theory）」と呼ばれる思考法である。「全か無か思考」とも「白黒思考」とも呼ばれるが、元々は情報工学の言葉で「悉無《しつむ》律《りつ》」と訳される。例えば「信号があるかないか」「人生は勝つか負けるかのどちらか」「物事は正しいか間違いのどちらか」「回答は承諾か否定のどちらか」「白か黒か」などがその典型である。この思考法では選択肢は二つしかないので、物事の判断に白か黒のどちらかしかなく、したがって中間の灰色は存在しなくなるのである。

この思考法を取る人は、しばしば完璧主義者あるいは自己評価の低い人と言われているが、この思考法を取る限り、完璧な物事の実現を期待するあまり逆に視野を狭めてしまうことが指摘されている。なぜなら、物事の完璧な実現など現実社会にはあり得ないからであり、極端すぎる期待、完璧な実現の期待は、努力の過程で生じる前進効果や良い部分を全て無視し、徒らに自分や他者を責めてしまうからである。

例えば前掲書の中で、呉氏は「『為せば成る』と『成るようになる』」と題して以下の様に記述している。

韓国では「為せば成る」（やればできる）という言葉がよく使われる。もちろん日本でもよく使われる言葉だが、そうは言っても日本人は、結局のところ「成るようになる」という思いの方が強い人達ではないだろうか。「成るようになる」は、韓国では手がけている物事を諦めるときや投げ捨てるときによく使う言葉である。日本での「成るようになる」は自然の摂理への信仰とも言えるような気がする。

それにしてもなぜ日本人には「他力」を信じるような言い方をする人がこれほど多いのだろうか。逆に、なぜ韓国人には「自力」を信じるような言い方をする人が多いのだろうか。この違いを生む根本には、自然の流れを受け入れようとする「もののあわれ」の心情と、自らの力で「恨」を溶かそうとする心情との差が大きな作用を果たしていることは間違いないように思えるのである。（注16）

この記述から読み取れることは、呉氏を含めた韓国人の考え方が「為せば成る」と頑張るかあるいは「成るようになれ」と投げ出すかの二通りの思考法であることを示していることである。

そこには「成功か失敗か」しかなく、成功だけは期待するが、失敗には何の価値もないとする判断が働いていることを彼ら自身が意識していないのである。

「為せば成る」と頑張っても、ときには失敗する場合がある。そのときの失敗した自分を全く想定、考慮していないのは、思考法が「悉無律」に支配されているからであり、失敗の時の自分をどう受け止め評価すべきかの基準が存在しないのである。

つまり「勝つか負けるか」の選択肢しかなく、さらに「負け」は無価値査定になるのである。従って、日本人のいう「成るようになる」という意味を正確に理解できないのは、自分たちの思考法に原因があるということを想定していないのである。

日本人のいう「成るようになる」は言うまでもなく「人事を尽くして天命を待つ」という意味であって、失敗という結果になったら、またそこから努力するという前提であり、韓国人がいう失敗したら「なるようになれ」と投げ出すという意味ではない。「韓国人の仕事ぶり」というのは、自分たちだって負けないんだという自己の能力再確認の意味で頑張るが、そこそこの結果が出れば満足し、あとは顧みないということが多い、とはよく言われることである。

日本人の「成るようになる」は呉氏のいうような「自然の摂理への信仰」などではないし、まして「もののあわれ」など何の関係もない。例え頑張った結果、結果が思わしくなったとしてもその運命を引き受けてそこからまた努力することが大切で、人間が全く無価値に成ることはないということであり「悉無律」とは正反対の思考法である。

このように呉善花氏の分析が的外れになるのは、呉氏の中にある「悉無律」的思考法に由来していると考えることができる。

同掲書の中に、日韓のバレーボール試合を応援したときの話が紹介されている。自分は「勝て」「勝て」と応援したが日本人の友人は「負けるな」「勝たせて」と叫んだ。「こちらが『勝て』と応援しているのに『負けるな』と返されると拍子抜けしてしまう。受け身一方の弱い相手に対しているみたいで、なんだかガックリきてしまうのだ」と記述されているが、同じことであろう。

「勝つ」ことのみに意味があり「負ける」ことは一気に無価値になって顧みられることがない存在に落とされることを前提にした思考法であるから、出てくる発想である。

このことは韓国人の思考方法の基盤には「分裂（Splitting）」規制が働いていて、自分の中の悪しき部分、都合の良くない部分は引き受けず拒否することにより自己を防衛していることからきているのである。

これはさらに言えば、幼児期の発達障害の一種であり、自分の中の「良い部分」と「悪しき部分」が統合されていないことを示している。そしてこのような病態を持つ人の特徴として、白黒二択の内のどちらかに決めないと気が済まない嗜癖があり、中間や灰色という選択肢がない「悉無律」思考をしがちであることが知られている。

つまり、自分あるいは自国の「良い部分」は認めるが「悪い部分」はたとえ存在していても一切認めない、受け入れないということである。これは崩壊しやすい自我を持つ人が自分を守るために無意識的に使う、医学的には「否認（Denial）」機制として知られている原始的防衛体制の一つである。

例えば、雇用されている労働者には、働く者としての誇りなど何もなく、経営者だけに価値があるという韓国人一般に見られる価値観にもそのことが表れている。

社会人としては上位者が高価値で、下位者は無価値といった「勝ちか負けか」「白か黒か」「全か無か」といった「どちらかしかない」典型的なAll or nothingの思考法であることがわかる。従ってこのような「悉無律」に基づく思考法の元では、社会的な下位者は無価値の烙印を押されてしまうゆえに「病的悲嘆」しか残らず、権力者や金持ちになって見返してやることしか自分を認めさせる方法がなくなるのであり、これが韓国人のいう「恨」の実態である。

呉氏は韓国の大学受験生が「成せばなる」と壁書して頑張ると述べていたが、仮にこの受験生が大学入試に失敗したとしたら、この学生自身はあるいは周囲の者達はどのように評価するのであろう。

日本人のいう「成るようになる」は、例え失敗しても人間の価値は変わらないので再挑戦もあり得るし、別の道を進んでも良いということを前提にしているので、「七転び八起き」とも「失敗を肥やしに」とも「勉強になった」という表現もある。

つまり自分にとって都合の悪い運命をも受け入れるということであり、別の言葉で言えば心理的な「統合化」である。従って、日本人には「あの時の失敗があったからこそ、発想の転換ができた」とか「教訓を得られた」「失敗を糧に」という言い方は多数あり、これはつまり、例え結果は失敗であったとしても、その間の自分の成長にも十分評価すべき点があることを認めているからである。

しかし韓国人の思考法では、自分にとって都合の悪い運命は拒否する、ということになるのであって、失敗は無価値であり拒否されるべきものに過ぎないのであり、別の言葉で言えば心理的「分裂（Splitting）」である。韓国人の思考方法では、「完全でなければ価値がない、完璧以外はすべて悪いこと」となり、成功できない場合の自分や他者を無価値な者として責めることになるのである。

しかもこの時の「完全」と判断する基準は「他の人から見て完全」であって謂わば、世間的成功の評価になっていることである。

このように呉氏の論考の中にある「悉無律」に基づく思考方法が、論理的検証部分で偏った方向になっていると見ることができる。結論から言って、呉氏の「恨」と「もののあわれ」の対比論は間違いである。

私が呉氏の論述は結論を急ぎすぎていると述べているのはその意味である。呉氏は日本人のいう「成るようになる」を、「成るようにしかならない」からあとは神仏に任せて放っておこうという「他力本願」の態度だ、と誤解しているのである。

それは呉氏自身が持つ「白か黒か」の思考方法で日本人を見ているから、そのようにしか見えないのである。これは典型的な「投射性同一視（Projective identification）」（相手に投げ込んだ自分の一部を、相手のものとしての認める行為）の一形態でもある。

韓国人のいう「恨」は「病的悲嘆」に属する「疾病行動」の一つであって生育歴を含めた人間関係の錯誤からきているものであり、美意識などではない。「恨」は韓国人に特有のあるいは代表的な「情緒構造」だとする主張が韓国には多いので、呉氏は、日本の代表的心情といわれる「もののあわれ」と対比したのであろうが、

惜しむらくは論理の検証部分で「韓国流の価値観」から抜け出せず、その意味で結論を急ぎすぎたのであろうと思われるのが残念である。

本章の最初に、呉氏が論述している説明について、もし仮に呉氏の講演に私が聴講していたとしたら、「韓国の方の考え方は分かりましたが、この点についての呉先生ご自身のお考えはいかがですか」と質問するだろうと述べたのは、以上に記述した理由によるからである。

第8章　反日韓国人・呉善花氏が日本人になれた理由

反日韓国人だった呉善花氏は、なぜ日本人になれたのか

この試論の中で典型的な韓国人の論理展開事例として複数回引用している拓殖大学・呉善花教授は、本国で強力な反日教育を受けた韓国人でありながら現在、日本に帰化し文字通り「日本人」になった人である。呉氏が日本に帰化するまでの苦しみや悩みの過程については、呉氏の自著に詳しいが、その中で、自分が記述したのは「いかにして」、日本人になったのか、であって「なぜに」ではない、と述べられている。

なぜ自分が、ガチガチの反日世代そのままの考えできたのに、脱することができたか。自分でもよくわからず、蔑視の対象である日本の実際を知って行ったことから起きたことであるのは言うまでもない。しかし、どうやってそういう筋道を自分でつくっていけたのかはよくわからない。自分はどのようにして変わって行ったのか。それは個人的なことに過ぎない、と思ってきた。しかし、これはまったく自分一人の例外的な問題にすぎないのだろうか。事実としては今のところそうなっているが、けっ

してそうとは言い切れないところもあると感じる。それでは、どのようにして、と問われると、自分でもはっきりとした答えがない。（注1）と記述している。

つまり、呉氏は「反日教育を受けて育った元軍人である自分が、母国・韓国を批判したうえに蔑視の対象であり敵であるはずの日本に心酔し、日本に帰化して日本人になってしまった」道筋を「いかにして」という過程としては説明できるが、「その理由」「その論理」は自分でも説明できない、と述べている。

これは無理もないことで、おそらくは自分が意識してとった行動ではなくて、緊急避難行動にも似た、無意識の反応行動の積み重ねではなかったか、と推測できるからである。

なぜならば、呉氏に生じた問題は、「いったい自分とは何者なのか」という自己同一性（自己アイデンティティー）確立という、自我成立に関する根本的な課題であったと考える事ができる。これは精神分析学的に言えば「基本的信頼感（Basic trust）」に関わる、人間にとっての根本的課題であり「自分、そして自分を育てた親を含めた社会環境」は「本当の自己（True self）」にとって信頼に足るものだったのか、という疑問に対する回答を出さなければならないことを意味する問題なのである。

そしてこの「基本的信頼感」「本当の自己」を育てる時期とは、医学的知見からいえば、乳幼児のまだ言葉や概念で説明できない「非言語通話（Non verbal communication）」の時期の問題であるから、である。人間にとって、記憶も定かではない自己の乳幼児期に、周囲から言葉ではなく感情的反応として与えられ育てられた、「自己」というものを問い直す作業は、可能ではあるが「非言語的手段によるしかない」というのが専門的治験事例であるのは、専門書が以下のように指摘している通りである。

この問題は幼児期の精神と身体の統合の失敗に起源があって、現実と接触できるのは身体を通じた体験の領域だけである。いわば非言語的コミュニケーションのみしか有効でない。したがって、治療者には温もりのある環境、優しい雰囲気、などの現実との関わりの中で、言葉が生じ、それとともに妄想性の思考体系も内部から崩壊して「自分」を回復してゆく、「抱っこ環境（Holding environment）」の考えかたがある。（注２）

呉氏にしてみれば「反日韓国人」というその時の自分が、「本当の自己（True self）」であるのかを問い直す作業であり、もしその「現在の自分」というものが環境によって与えられた偽情報による「偽の自己（False self）」であったとしたら、そのように育てた環境は「本当の自己」の成長を愛したのではないという結論にならざるを得ないのである。

自分は本当の意味で、親を含めた環境から愛されたのではないという認識は、本人に極めて深刻な「見捨てられ感（abandonment depression）」を引き起こすことが症例として医学的に知られている。

そしてその苦しみを癒し、「本当の自己（True self）」を育て直すためには、言語がまだ通じていなかった時期にまで戻ってもう一度、母親の「抱っこ（Holding）」を再体験するような、言葉だけではない心行き届いた優しい体験が必要になる、と言われている。

本稿第5章の「ひとりでいられる能力（Capacity to be alone）」のところで説明した英国の医学者D・ウィニコット（D. Winnicott）にはもう一つ「支持的環境（Holding environment）」という概念があって、通常よく「抱っこ環境」と訳されることが多い。

幼児期の恵まれなかった養育環境で、他者を信頼することを学習できなかった人が例えば「第二の誕生」とも言われる思春期など、自我の統一などの作業を行うときに、あたかももう一度、信頼出来る母親に「抱っこ（Holding）」されるような体験ができると「本当の自己（True self）」が育ってゆく、とする学説である。

「抱っこ環境（Holding environment）」としての日本

そこで、呉善花氏にとって、日本という環境はいかなる作用として機能したのであろうかという問題を次に検討してみよう。呉氏は、その体験を次のように述べている。

自分は語学教室での日本人と韓国人との間を行ったり来たりしながらの思索、韓国人としての自分をいったん括弧に入れて、日本人の気持ちになってみようという試行、日帝時代についてできるだけ客観的な世界史として見つめてみようとした勉強……。これをずっとやっているうちに、私は自分が何者なのか、だんだんわからなくなってしまった。そこへ日本という「強烈な吸引力」が作用してきて、自分の身体がバラバラになってしまうように感じられた。（注３）と記述している。

この表現は、呉氏自身の「本当の自己（True self）」の再構築の欲求の強さが日本に投影されたものであると推察される。他者の言うがままに機械的に反応して作り上げざるを得なかった従来までの自分は「偽りの自己（False self）」であると気づき、本来の自己を取り戻す過程で、日本という存在が一助になる、と想像したときに呉氏自身の心に芽生えた欲求の強さの間接的表現であることがわかる。

日本に滞在するどの外国人に対しても働くような、呉氏がいう「日本という強烈な吸引力」というものが、実際に日本に存在するわけではない。しかしながら、長い歴史を経ながら日本人が作ってきた社会環境としての日本、に働く伝統的価値観が作り出す「静かなる力」は、日本で生まれ育った訳ではない外国人にも機能するであろうということが、想像できるのである。

この日本社会という環境が生み出す「静かなる力（Silent force）」というものは、ちょうど、精神科医が不信の塊のような患者に働きかける「医療の力」と酷似しているように思える。例えば以下の記述は名医と呼ばれた神戸大学・中井久夫教授が、医療を拒否する患者に対する往診について記した一節である。

結局、主との間に半年かけて治療関係が成立するのだが、それは餌付けではなく「人づけ」、つまり主に「人間の中にはそれほど有害でなく強引でもなく限度内であなたの役に立とうとしている者がある」ことを強制性なしに伝達しえたことにあった。

（注4）

1990年以降毎年一冊のペースで自著『スカートの風』シリーズというベストセラーを日本語で書き上げ、講演やセミナー講師を務めた呉氏への日本での反応は「日本人には好評、日本滞在の韓国人からは猛烈な反発」というものであったという。

日本社会にはもともと、例えどのような職種であれ「その道の専門家」には敬意を表す習慣があり、他者の意見には先ず耳を傾けて無心に聞くという傾向が昔からある。

また「親しき仲にも礼儀あり」の成語があるように、闇雲に他者の懐に飛び込むのは礼を欠く行為として忌避されている。このような日本社会に古くからある言葉にはならない行動で示される「沈黙の言葉（非言語伝達／Nonverbal Communication）」は別名メタメッセージとも称されるが、おそらく呉氏のいう「日本という強烈な吸引力」の正体はこの事だと解釈できるのではないだろうか。

イリノイ工科大学の文化人類教授、エドワード・ホール（Edward T. Hall）は異文化コミュニケーション学の創始者として知られている。ホールの説によれば、人間はその所属する文化圏の中で、言語以外の「沈黙の言葉（Silent Language）」によって他者と会話していて、この「言語以外の情報が重視される文化圏（High Context Culture)」と「重視されない文化圏（Low Context Culture)」があるとし、フランス及びイギリスを中間として、日本は「言語以外の情報が最重要視される文化圏」に分類され、ドイツ語圏スイスが「言語情報が最重要視される文化圏」と分類されている。この説が正しいとすれば、日本においては直接に語られる言語以外に、時間、空間、人的距離、仕草、等の言語によらない意味の伝達がコミュニケーション手段として高頻度に用いられている文化があるという事になるのである。（注５）

例えば第５章で引用した、呉氏が日本社会に同調する上で最も辛かったという経験、日本人と親しくなろうとして「親しい仲には礼儀なしの韓国流」で接近しようとすると「日本人はサッと身をかわし、距離を置こうとする」態度などはその一例といえよう。

人間の意識は、環境に適応するために発達したと言われている。したがって環境が変化すれば当然、意識は異なった環境に適応するために、再構成されるはずである。（注5）

日本という社会の中で日々暮らし、日本人に接して自分の意見や考え方を日本語で発表し聞いてもらう、という実体験は呉氏にとって自分を育て直す「抱っこ環境（Holding environment）」として大きく作用したのだと解釈できるのである。

呉氏にとって全くの異文化・異環境であるはずのこれら日本の社会の底流に流れている価値観は、すべて個人の「自我の統合」「分離・自立」を促進するものであり、かつ「ひとりでいられる能力」を育むように働くものであり、そのいずれもが韓国社会には欠落しているものばかりであったと見る事ができるのである。

「韓国人」という一つのシステム

英国の医学者D・ウィニコット（D. Winnicott）が、「乳児という個体は存在しない」、「乳児は育児環境と一緒になって初めて一つの単位（Unit）を形成する」と述べたのは有名である。

この考え方を「韓国人」に敷衍すると、一人の韓国人が成人するということは、親を含めて韓国社会という養育環境の中で経験してきたことが内包されているのである。したがって成人した個人が生育歴に原因する何らかの問題を抱えているとすれば、それは韓国の養育環境が問題を抱えていることを意味すると解釈する事ができるのである。

その意味ではウィニコットの表現を借りれば「韓国人という個体は存在しない」「韓国人は養育環境と一緒になって一つの単位を形成する」と言えるであろうし、一人の韓国人という存在は、伝統的習慣や文化的価値観を引き継いで成長してきた「韓国人という一つのシステム」として存在しているはずである。そして通常、「現に存在しているシステム」は現状変更の力に対して強い抵抗を示すのが普通である。

この事について呉氏は、「韓国の知のオーソドキシー」といえばその根本には儒教があるため、知識のあり方ではきわめて強固な理念に基づくことを要求される。日本に来た韓国人の中では、より高い教育を受けた人ほど、行き違いに激しく葛藤すると、一般的には言えるように思う。自分も、かたくなに自分と自分の考えを肯定し続けて、容易に変化しようとはしなかった。苦悩と葛藤の中にいても、まず自分から変わっていく勇気をもっていなかったのである。（注6）と述べている。

この同じ問題を医学の立場から精神医学者の中井教授が説明すると、一般にシステムというものは、その現状を変更しようとする力が働くときには、システム内部にこの外力を打ち消す方向の力が発生する。あるいは、外部からの力を打ち消すような形にシステム自体が変形する。どのような人間も、現状がいかなるものであれ、これを捨てて、未知の状態に移りたいと願うものはいない。（注7）となるのである。

したがって、生粋の「反日韓国人」であった「呉氏という一つのシステム」にも、「日本という吸引力」を打ち消す方向の力が発生したであろうことは当然である。この呉氏の中で、呉氏自身に働いた「外力」つまり日本が働きかけた「沈黙の力」を打ち消そうと働いた「内なる力」とは、言うまでもなくそれまでの呉氏という一人の韓国人を育ててきた、呉氏の体内に存在する「韓国システム」それ自体と、韓国人及び韓国社会からの外部的抵抗・批判である。

しかしながら、呉氏に幸いであったのは、自著出版を契機として「日本人は高評価、韓国人は非難の嵐」という社会的な反応が現れていたことである。

呉氏にとって見れば、従来の自分のあり方（偽りの自己）に疑念を抱いて悩み苦しんでいる時に、いわば励ましの言葉の多くが日本人からであったという現状が大きな支援となったのは想像に難くない。このような、呉氏のいう「日本という強烈な吸引力」は、つまるところ呉氏にとっての「抱っこ環境（Holding environment）」として作用したことになるし、またその具体的な環境条件としては以下の点が考えられる。

１・日本語で考える力

一冊あたり、４００字詰め原稿用紙５００ページ分の原稿を、添削を受けながら日本語で書くという作業を最低3年間続けるということは、日本人にとっても並大抵のことではない。他者に理解してもらえる文章というものは、先ず自分の考えや意見が明確な論理をもって整理整頓されて、なるべく一般論化されるような抽象語で説明されていなければ成立しない。

ということは、母国語である韓国語に基づく考え方も、一旦は客観的論理的にもう一度見直さなければならなくなる。このようにして生まれた日本語文章であっても、読者や聴衆という日本人から疑問、質問、反論が当然あるはずであるから、再度論理性に磨きを掛けなければならなくなる。この繰り返しの作業が、呉氏の考え方や論理の組み立て方自体に大きな影響を与え、かつ日本語で自分の頭脳をつかって考える習慣と技術を身につけたと思えるのである。

2・「国際語」としての日本語

呉氏は日本人ビジネスマンとの議論を通して、例えば「日本による朝鮮統治」について、以下のように述べている。

自分があまりにも日帝時代の歴史事実を知らないことを思い知らされた。その具体的な内容にしても世界史上の客観的な事実としての意味も、全くもってとらえきれていなかったのである。そしてそれは自分以外の大部分の韓国人についてもいえることなのだった。世界にこれほど多様な見方があることなど、自分は全く知らなかったし、日本で読んだ本のすべてが、いずれも世界史的な観点、人類史的な観点から書かれていたことだ。そして、いずれの本も韓国では翻訳されていないことを知った。（注８）

この事実は、韓国人にとっては日本語が今でも一種の「国際語」の役割を果たしていることを示している。つまり、日本語能力を持つことは、それを手段として抽象的な推論が自分で可能になること、および自分の手で世界的レベルの様々な情報や知識を探し出し、確認することができることを意味しているのである。

さらにハングルのみの韓国語による学習が、客観性や論理比較の点で国際的基準に達していない実情がある。それはハングルの言語機能の問題でもあり、また呉氏は「正統的な知識の根本には儒教がある」と述べているが、そうだとすると韓国における学問とは「宗教」の意味になり、特定の宗教教義を暗記することと変わらなくなるという危険性を含むことにもなる。

事実現在においても、中国、韓国の大学における専門語の大多数は明治時代に創作された日本語をそのまま取り入れている事が報告されている。つまり明治時代からすでに日本語を学ぶ事は国際語を学ぶ事であり、日本語文献を通して世界中の専門知識を得る事ができたのである。

また大学で学ぶということは、権威とされる学説自体を、自分で再度検証し比較検討する態度と技術を身につける事であって、権威者の言うことをそっくり覚えることではない。これは世界各国で報告されていることであるが、韓国人留学生が持つ例えば自国の歴史でさえ不正確、不十分であるという事実である。なぜ韓国人学生は、自分で確認や比較検討してから、自己判断しないのかが、私には不思議であった。

この点について、呉氏は以下のように述べている。

自分は、学校で教えられたこと、つまり正統的な知識だとされるものを、そのまま信じてしまうところがあった。韓国の知のオーソドキシーといえばその根本には儒教があるため、知識のあり方ではきわめて強固な理念に基づくことを要求される。要するに、完璧なる知を手にすること、そこへと向かおうとするのである。それで、いっぱしの知識人だと自分のことを思うようになると、もうそのあり方は容易なことでは動かなくなる。無意識のうちに完成された知を自分の内部に描いているからだ（注9）という。

ここにあるのは、環境が与える外部刺激に対して、ただ反射的に反応するだけの個体があるだけで、自己判断、自己選択という自主性が何もない人間の姿であり、まさにこのような人間のあり方を、ウィニコットは「偽りの自己（False self）」と呼んだのである。

つまり、呉氏は日本において日本人ビジネスマンとの議論の中から、従来までの自分自身の自己のあり方、学びの姿勢自体を自分で疑わざるを得なくなったという事である。

（日本人ビジネスマン達は）呉氏が韓国人だからといって遠慮する事がない。しかし冷静に、具体的に、理路整然と話を進める。それに対して呉氏も冷静に話そうとするのだが、いつしか興奮してしまい、大声を出して韓国人お決まりの「日帝批判」を型通りしてしまうこともたびたびだった。（注10）と呉氏は述懐している。

３・自己の価値の再発見と自己実現できる環境

第５章で紹介したロシア人女性の例に限らず、呉氏もまた日本社会の中で生活していて「自分が変わっていく」一人であったのであろう。日本社会におけるこのような外国人に対する影響力は、近年に限ったことではなく、中世、近世以来の歴史的事実である。

例えば、文禄慶長の役（１５９０年代）の際に、日本に戦時捕虜としてあるいは自ら渡来した朝鮮の陶工達が何代にも渡って日本各地の藩で陶磁器の生産に従事していた記録がある。当時の李氏朝鮮では陶工は、官に隷属する奴隷の一種であり、自主的な行動ができることはあり得なかったと言われる。また当時の朝鮮陶工の技術は特別高いものではなく、むしろ粗悪なものが多かったと言われている。

むしろ当時の陶工達の技術は、朴斉家が「我が国の器、極めて粗し、口曲がりて色悪し、名状すべからず」と、口を極めてその粗悪ぶりを指弾しているように決して高いものではなかった。その陶工達の技術が日本で飛躍的に伸長するのは、流通経済に乗り、市場原理の中で生産されたからである。日本では、陶磁器も各藩の重要な特産品となって他藩に輸出され、各地で食器や茶器として消費されていたのである。（注11）

例えば鍋島藩の有田焼は朝鮮の陶工・李参平によって創始されたものであるが当初は商品としてそれほどの評価はなかったが、17世紀始めに酒井田柿右衛門が赤絵の絵付けを確立したことにより、商品価値は急激に高まった。酒井田式赤絵陶磁器は欧州、中国にも輸出され、有田焼の写しが世界各国で作られるようになった。鍋島藩は有田焼磁器を特産品として保護奨励したように、各藩もこれに習い陶磁器を自藩の重要な特産品として保護育成した。

朝鮮陶工の地位も社会的に高く評価され、子孫は何代にもわたり家を継ぎ、技術を磨いた。李氏朝鮮においては、単なる奴隷に過ぎない名もなく存在すら評価されない卑しい陶工が、日本においては名匠として武士に匹敵する社会的地位を与えられ、尊敬されたのである。

このように、呉氏にとっても自己を解放し自由に自発性を発揮できる、日本社会において従来の自分のあり方を問い直し、日本語能力によって新しい世界基準の知見に接する自由を入手できたということである。さらに呉氏の場合は自著発刊という手段によって自己の考え方さえ流通経済における「商品化」ができたということであり、かけがえのない生業を得たことにもなるのである。このことは、約400年前の朝鮮人陶工が経験したことと、それほど変わらない意味を示していると考えられる。

さらに呉氏は、日本人の考え方、価値観を体験するために、韓国式生活習慣を意識的に遠ざけ日本式のそれに切り替えたという。その結果、韓国人の甘ったれたベタベタとした情のあり方や、激しく感情をむき出しにする資質にも大きな抵抗を感じるようになっていた。（注12）というのである。

ということは、呉氏は自身の幼い頃から刷り込まれていた、自分のものであったはずの無意識の価値観にも、自ら疑いの目を向けられるようになったということである。従来の「親しき仲には礼儀なしの韓国流」人付き合い方式、つまり自我境界を越えて他者と一体化するがごとき、べったりとした人間関係でなければ不安であったのが、今ではむしろうっとうしく感じられるようになったということであり、これは自分の自主的判断基準つまり、「一人でいられる能力（Capacity to be alone）」と「本当の自己（True self）」の萌芽の姿と捉えることができる。

なぜならば韓国人が持つ「親しき仲には礼儀なし」という親密な関係のあり方、またそうでなければ不安でいられないとする習慣は、韓国人の生育歴からくる自我崩壊を防ぐ防衛反応であり、一人の人間として母親から分離・独立する時の失敗を原因とする典型的な一つの病的症状である。韓国人にとって他者と一定の心理的距離を取ることは「母親から見捨てられる」ことを意味し、恐怖の対象として心に刻み込まれているからである。親と分離し、自立しても愛情が保証されるという安心感、自立感が生まれてきているからこそ、「韓国式」のべったりとした幼児的依存のみの情緒的人間関係に拒否反応が出たと考えられる。そしてこの状態とは、従来の分裂主導型の原始的防衛体制から、統合型の人格が生まれてきていることの間接的な証明でもあると言えるのである。

4・「ありがとう」「すみません」を言う体験

第5章で紹介した在日8年目のロシア人女性が、日本では自分が間違えていたことを後で気付いた時、謝ることができるようになった、と述べていた。自分が世話になった人に「ありがとう」と感謝の念を伝え、あるいは迷惑をかけたと思ったときに「すみません」と詫びる行為は、日本人にはごく普通のことであるが、韓国人にとっては極めて例外的な行動になることを、呉氏は自著の中で以下のように述べていた。

この「ありがとう」「ごめんね」を日本人の側から場合には、韓国人はお礼を言わない、謝ることをしない、という言い方ともなってしまう。韓国人は一般的に、自分が悪いことをして怒られている時には、無言でじっと相手の言うことを聞いていることが「すまない」という心を表す姿勢としてよいものと感じている。「ありがとう」

「ごめんね」の一言が、どれだけ人と人との関係に潤いをもたらすものと日本人が感じているかが、韓国人には容易なことでは理解できない。いや、理解はできても、なかなか習慣として「こなせない」のである。（注13）

しかしながら自分の失敗で叱られたとき率直に謝罪の言葉を口にするというのは、日本人位の例外であって、韓国人のみならず世界中の殆どの民族が謝罪したりはしない。

朝鮮の人々は長い李氏朝鮮の「奴隷と両班」の時代を通して、過酷な体験をしてきている。また本稿第6章で渡辺昇一教授が指摘したように、あまりにも残酷で人情の薄い世情であったからこそ、その反作用として儒教やキリスト教が生まれたと述べたように、世界の国々は必ずしも慈愛にみちた人々ばかりではなかったのである。

したがって、自分の非を認めたらどのような悲惨な運命に突き落とされる分からないので、簡単に非を認めたり謝罪の言葉を口にしないのが習慣になっているのである。

先に「ひとりでいられる能力」のところで示した、イギリスの医学者D・ウィニコット（D. Winnicott）は、また「思いやりの段階（Stage of concern）」という概念の提唱者でもある。

個人が他者に気を配ったり、世話をしたり、責任を持つという行為の背景には、アンビバレンス（分裂的な両価性）が統合され、罪悪感が生まれ、個人の自我が統合された証明でもあり「健康の証し」でもあるという考え方である。

個人の人格が原始的な分裂状態にあると、このウィニコットのいう「思いやり（concern）」の能力に欠け、自分のなしたことの結果に対する配慮に欠け、「ごめんなさい」が言えなくなる、という症例報告がある。

呉氏の解釈では、「ありがとう」「ごめんなさい」を言う、言わない、は、単なる風俗習慣の違いと矮小化されているが、呉氏の言うこの「韓国式習慣」は、日本のみならず世界的「健康」基準から大きく外れているのである。そして、先に例示したロシア人女性が日本社会の中で、自分の誤りを謝れるようになった、自分は成長したと自認できたことこそが「健康の証し」なのである。

呉善花氏が「反日韓国人から日本人になれた」背景には、日本社会に溶け込むという本人の努力もさることながら、上掲の通り

1・日本語で考える力、
2・日本語による文献調査力、
3・自己価値の再発見と自己実現できる環境、

４・「ありがとう」「すみません」を言える体験、

という日本の伝統的文化基盤に支えられたことが、呉氏にとっては「抱っこ環境（Holding Environment）」として働き体内に眠っていた「本当の自己」の萌芽と成長とともに自我の防衛方式も幼児的分裂状態から統合化され、「韓国システム」から脱出できたと考えられるのである。

本章の冒頭に、呉氏が「私はどのように変わって行ったのか。それは個人的なことに過ぎない、と思ってきた。これはまったく私一人の例外的な問題にすぎないのだろうか。」「自分でははっきりした答えがない」と述べていることを引用した。

しかしながら、約４００年前に在留朝鮮人陶工に働いたと同じような力が呉氏にも働いたと見れば、これは単に呉氏個人に限ることではなく「韓国人システム」すべてに、つまりすべての韓国人の個人個人に共通して起こり得る問題であると推測できる。

この問題に関しては呉氏自身が以下のように述べている。

日本に来た韓国人のなかでは、より高い教育を受けた人ほど、行き違いに激しく葛藤すると、一般的には言えるように思う。（注14）

韓国における「教育」とはある種の洗脳教育にも似た特殊な「韓国人システム」の

導入と繰り返しの訓練の意味があり、韓国における「高い教育」は「韓国システム」の最終段階であろうから、日本における日常的な影響力は外力として一層激しく作用し、同時に体内から湧き起こる「韓国システム」を崩壊させまいとする反力も一層増大するであろうし、場合によっては呉氏のように激しい「見捨てられ抑鬱(Abandonment depression)」に苦しむであろうことは容易に想像できるのである。

呉氏は自著の中で、日本人と韓国人の間の小さいが、深い行き違いに悩み続けた自分の経験について「自分でもはっきりした答えはないが」「これはまったく私一人の例外的な問題にすぎないのだろうか」と自問している。

呉氏のこの質問に対する一つの回答として論述したのが本論である。つまり韓国人は個人として存在せず、「韓国人システム」として存在する以上、呉氏が経験した在日体験とそれに伴って生じた心の軌跡は、「異文化体験」「習慣の行き違い」ではなく、韓国人にとっては、「自己確立」「近代人としての分離・独立」に関する問題であるということである。

そのような「韓国人システム」自体に働きかける、日本という「抱っこ環境(Holding environment)」は、すべての韓国人に共通に作用する以上、呉氏が体験した問題は、呉氏だけの例外的な問題ではないことは明らかなのである。

おわりに

数年にわたって、我が家には米国人、カナダ人、オーストラリア人といった英語圏の学生たちが入れ替わり立ち替わり、我が家の3人の子供達といっしょに生活し学校に通学していた時期があった。我が家がＡＦＳ（American Field Service／米国野戦病院軍人会）という米国の民間機関から依頼されて彼等学生達のホストファミリーとなっていたからであった。早いものでその頃からすでに30年以上経っている。その当時、他の日本人ホストと外国人学生との間におこる行き違いはしばしば耳にしていたので「異文化交流」の問題について、意識的に成書を調べたり専門家の意見を聞き、自分なりに考えを纏めようとしていたことがあった。

ちょうどその頃、『スカートの風』シリーズという本を読んだのが、呉善花氏のお名前を知ったきっかけであった。その後何年にも亘って、呉氏の著書を読み続けてきたが必ずしも賛同する意見ばかりではなく、疑問や反論はその都度、記録し書き溜めてきたという経緯がある。

私自身は韓国に行った事はなく、韓国語も解さず学生時代に韓国人留学生と研究室で一時期交流した経験しかないごく普通の日本人にすぎないが、成書やネットによって得た日韓問題を調べているうちに知った韓国人の言動の特徴といわれるものは、必ずしも韓国人に限ったものではないのではないか、と考えるようになっていた。

それは、ある特定の素因を持ち、ある特定の条件の元での生育歴を持つ人特有の反応であり、日本人であれ、西欧人であれ共通に現れる、一つの「症状行動(Symptomatic action)」と解釈できるのではないか、と思い至ったからである。

私は工学部出身ではあったが論文執筆の必要上、大学院時代のほとんどを医学部の研修に過ごした経験があり、医学の知見からものを見る習慣があったので自分の仕事にも大変良い影響があったと判断している。その研修時代に大学附属病院の治療室で接した患者さんの殆どは日本人であったが、患者さんのなかには、「韓国人の特徴」といわれている言動とよく似た行動を取る幾つかの症例を見てきたからであった。

私の経験では、医学研修を受けた最初の頃は、「病気」というものの概念を摑みきれず専門書も中々理解できず、教授の話や論文が分かるようになるまでに約1年間を要したことがあった。一般的な人にとって、「病気」や「症状行動」の意味するものを正しく理解するのはそれほど難しいものだと判断している。

つまり、多くの日本人の著者が記述している「韓国人に対する違和感」というものは、実は「『病気』や『症状行動』に対する違和感」と解釈すれば、多くの疑問が論理化できるし説明できるものなのである。

自分の本来の仕事に追われながらも、余暇の時間を見つけては、そのような解釈に基づいて論理を整理し、資料を改めて調査し始めてからすでに数年が経過してしまった。

しかし、何が幸いするか分からないもので、その当時、新型コロナウイルス騒動で予定していた講演や講義の多くが中止となり、予期していなかった自由時間ができたので、それを機会に改めて本論を纏めることができた次第である。

現在の我が国において日韓の問題を記述した成書は数多いが、医学の見地から執筆された論述書は殆ど見受けられないように思う。

現在流布されている多くの論述はその殆どが、比較文化論か、歴史的事実の再確認の視点が多く、またいわゆる「嫌韓書」や「親韓書」といわれる書籍は意外と主観的で感情的な論理で纏められているものが多数であるように思われる。

したがって結局のところ一般の日本人にとっては、「なにゆえ韓国人はそのような言動をするのか」また「今後それらの人々にどのように対応すればいいのか」という基本的な問題が置き去りにされていて、不分明な状態となっているのではないかと考えられる。

これら日韓問題に残る基本的な疑問の多くは、医学の見地から見れば一般の日本人にとっては、かなりの部分が解消するのではないかと思えるのである。

本試論においてはなるべく判断の元になった学説や根拠を明示するように心がけたので、一般の読者にとっては読みにくい部分が多くなったかもしれない。

特に精神医学での症状や病原論は、私自身がそうであったように、分かりにくいので丁寧に解説したつもりではあるが、未だ理解は簡単ではない部分があるかもしれない。識者の叱正を戴いてさらに正確なものにしていきたいと念願している。

２０２４年６月　　著者

参考文献一覧

第1章

注1『反日種族主義』李栄薫・編著（文藝春秋社）
注2『韓国・朝鮮人の品性』古田博司（ワック）
注3「日本経済新聞」2020年1月20日・朝刊「春秋」欄（日本経済新聞社）
注4『今こそ、韓国に謝ろう』百田尚樹（飛鳥新社）
注5『対訳・五輪書』宮本武蔵・英訳William Scott Wilson（講談社インターナショナル）
注6『アーロン収容所』会田雄次（中央公論社）
注7『新・スカートの風』P12、14　呉善花（三交社）
注8『人間科学』P11　養老孟司（筑摩書房）
注9『私はいかにして〈日本信徒〉となったか』P77　呉善花（PHP研究所）
注10『青年期境界例の精神療法』P17　J・Fマスターソン　訳・大野裕（星和書

店）
注11『続・スカートの風』P173、175　呉善花（三交社）
注12『境界例の臨床』P144　牛島定信（金剛出版）
注13『私はいかにして〈日本信徒〉となったか』P100、139　呉善花（PHP研究所）

第2章

注1『韓国「反日」の真相』澤田克己（文藝春秋社）
注2『韓国「反日フェイク」の病理学』崔碩栄（小学館）
注3『日本《イルボン》のイメージ：韓国人の日本観』鄭大均（中央公論新社）
注4『韓国のイメージ』鄭大均（中央公論新社）
注5『世界大百科事典』（平凡社）
注6「障害者ドットコム」ネットサイト
注7『方法としての面接』土居健郎（医学書院）

注8『人間科学』養老孟司（筑摩書房）
注9『精神科医のノート』笠原嘉（みすず書房）

第3章

注1『韓国人の情緒構造』P109　李圭泰（新潮社）
注2『精神療法の実際』P11　成田善弘（新興医学出版社）
注3『清国お雇い日本人』P196、212、226　汪向栄（朝日新聞社）
注4『「反日」を捨てる韓国』P124、126　呉善花（PHP研究所）
注5『日本語と外国語』P131、195　鈴木孝夫（岩波新書）
注6『親日派のための弁明』P241　金完燮（草思社）
注7『日韓2000年の真実』P637　名越二荒之助（国際企画）
注8『人はなぜ歴史を偽造するのか』P201　長山靖生（新潮社）

第4章

注1『西欧の植民地喪失と日本』Ｐ10、Ｐ11　ルディ・カウスブルック（草思社）
注2『海を渡った幕末の曲芸団』宮永孝（中公選書）
注3『悪韓論』Ｐ６～７　室谷克実（新潮社）
注4『家族依存症』Ｐ１２４　斎藤学（誠信書房）
注5『身体の零度』Ｐ36　三浦雅士（講談社）
注6『境界例の臨床』Ｐ１８０　牛島定信（金剛出版）
注7『精神療法の実際』Ｐ２　成田善弘編著（新興医学出版社）
注8「防衛研究所紀要」第13巻第2号「政軍関係から見た米軍高級幹部の解任事例」菊地茂雄（防衛研究所）
注9『西欧の植民地喪失と日本』Ｐ10　ルディ・カウスブルック（草思社）
注10『英国人記者が見た連合国戦勝史観の虚妄』Ｐ39　ヘンリー・Ｓ・ストークス（祥伝社）
注11「正論」平成11年1月号　Ｐ３２１「東南アジアから見た大東亜戦争と戦後日本」藤岡信勝（産業経済新聞社）

第5章

注1「日本に住んで自分にどんな変化があったの？　あしや・リサのチャンネル」YouTube
注2『私はいかにして〈日本信徒〉となったか』P42、46、63　呉善花（ＰＨＰ研究所）
注3『続・スカートの風』P66　呉善花（三交社）
注4「青年心理学研究」２０１４年・26巻「青年期における「一人でいられる能力」の獲得と内的対象像との関係」吉田加代子（日本青年心理学会）
注5『親日派のための弁明』Ｐ２４４、２４８　金完燮（草思社）

第6章

注1『日韓・歴史克服への道』P204　下條正男（展転社）
注2『植民地』P280　マーク・ピーティー（読売新聞社）
注3『「反日」を捨てる韓国』P100、90　呉善花（PHP研究所）
注4『儒教に支配された中国人と韓国人の悲劇』P64、65　ケント・ギルバード（講談社）
注5『韓国を蝕む儒教の怨念』P10　呉善花（小学館）
注6『宗教とオカルトの時代を生きる知恵』谷沢永一・渡辺昇一（PHP研究所）
注7『山本七平全対話2・おしゃべり聖書学』山本七平・矢島文夫（学習研究社）
注8『迷宮としての人間』P44、46　中野美代子（潮出版）
注9『韓国を蝕む儒教の怨念』P41　呉善花（小学館）
注10『現代日本における美容整形』関西大学准教授・谷本奈穂　精華大学研究報告書

第7章

注1『私はいかにして〈日本信徒〉となったか』P78　呉善花（PHP研究所）
注2『韓国を蝕む儒教の怨念』P227、237　呉善花（小学館）
注3『韓国を蝕む儒教の怨念』P27　呉善花（小学館）
注4『韓国を蝕む儒教の怨念』P17、18　呉善花（小学館）
注5『私はいかにして〈日本信徒〉となったか』P100、101　呉善花（PHP研究所）
注6『虚言と虚飾の国・韓国』P151、152　呉善花（ワック）
注7『私はいかにして〈日本信徒〉となったか』P106　呉善花（PHP研究所）
注8『精神分裂病』P71　大森健一・高江洲義英（日本文化科学社）
注9『なぜ反日韓国に未来はないのか』P151　呉善花（小学館）
注10『精神医学ハンドブック』P392　小此木・深津・大野（創元社）
注11『世に棲む患者』P29　中井久夫（筑摩書房）
注12『精神療法の実際』P94、P103　成田善弘（新興医学出版社）
注13『ワサビの日本人と唐辛子の韓国人』P156、158　呉善花（祥伝社）
注14『韓国人の情緒構造』P114　李圭泰（新潮社）

注15『妻も敵なり』Ｐ55、73、74　岡田英弘（クレスト社）
注16『ワサビの日本人と唐辛子の韓国人』Ｐ173、175　呉善花（祥伝社）

第8章

注1『私はいかにして〈日本信徒〉となったか』Ｐ9、160　呉善花（ＰＨＰ研究所）
注2『境界例の臨床』Ｐ194　牛島定信（金剛出版）
注3『私はいかにして〈日本信徒〉となったか』Ｐ104　呉善花（ＰＨＰ研究所）
注4『家族の深淵』Ｐ9　中井久夫（みすず書房）
注5『The Silent Language』Edward Twichel Hall（Anchor Books）
注6『自分の壁』Ｐ161　養老孟司（新潮社）
注7『私はいかにして〈日本信徒〉となったか』Ｐ106、107　呉善花（ＰＨＰ研究所）

注8『家族の深淵』P146　中井久夫（みすず書房）
注9『私はいかにして〈日本信徒〉となったか』P100、102　呉善花（PHP研究所）
注10『私はいかにして〈日本信徒〉となったか』P106　呉善花（PHP研究所）
注11『私はいかにして〈日本信徒〉となったか』P100　呉善花（PHP研究所）
注12『日韓・歴史克服の道』P191　下條正男（展転社）
注13『私はいかにして〈日本信徒〉となったか』P77　呉善花（PHP研究所）
注14『続・スカートの風』P24、26　呉善花（三交社）
注15『私はいかにして〈日本信徒〉となったか』P106　呉善花（PHP研究所）

著者プロフィール

大塚 聰（おおつか さとし）

1943（昭和18）年　北海道生まれ　工業デザイナー
千葉大学　工学部工業意匠学科　大学院 修了
東京都立産業技術大学院大学　SD講座 修了
工学博士（千葉大学）
特許庁　知的財産権専門委員
東京都立産業技術研究所　新製品開発講座　開設講師
著書『技術者のための新製品開発戦略と知的財産権』特許庁監修
講演　内閣府、特許庁、東京都、沖縄県、北海道、主催講演多数

数年に渡り多数の外国人学生のホストファミリーを務めた経験と大学院時代に医学部研修を受けた知見から、外国人との間に生じる軋轢は単なる「異文化」問題ではなく、医学的症状行動と解釈するべきとの結論を持つ。本書は医学的観点から分析する、初めての日韓問題論考である。

日本人と韓国人　～日韓問題を精神分析する～

2025年１月15日　初版第１刷発行

著　者　大塚 聰
発行者　瓜谷 綱延
発行所　株式会社文芸社
〒160-0022　東京都新宿区新宿1－10－1
電話　03-5369-3060（代表）
03-5369-2299（販売）

印　刷　株式会社文芸社
製本所　株式会社MOTOMURA

ISBN978-4-286-26134-8